Münchner Winterwanderungen

Die schönsten Touren südlich von München

Siegfried Garnweidner

GPX-Daten zum Download

www.kompass.de/winterwanderfuehrer

Kostenloser Download der GPX-Daten der im Wanderführer enthaltenen Wandertouren.

AUTOR

Siegfried Garnweidner • ist zu allen Jahreszeiten mit Tourenski, Mountainbike und Wanderstiefeln unterwegs und hat mehr als 3000 Touren durchgeführt. Er ist Autor von mehr als 50 Wander- und Bergbüchern und fotografiert mit großer Begeisterung unsere schönen Landschaften. Im KOMPASS-Verlag sind von ihm eine Reihe von Wanderführern und Wanderatlanten und ein Großer Skitourenatlas erschienen.

VORWORT

Liebe Winterwanderer,

das Wetter wird immer verrückter. Wir reden von der Klimakatastrophe und können uns also nicht mehr darauf verlassen, dass es künftig noch kräftige Winter geben wird.

So lange Frau Holle uns noch hold ist und wenigstens hin und wieder ihre Betten macht, sollten wir nicht zögern, die klirrende Winterpracht zu genießen. Nach einem heftigen Schneefall ist die Luft besonders rein, und so ein schöner Wintertag im Freien wird immer zum tief greifenden Erlebnis. Wem gefällt es nicht, wenn Schnee- und Eiskristalle in der tief stehenden Sonne wie frisch geschliffene Diamanten glitzern, unter jedem Schritt der Schnee knirscht und die Welt ein dickes Hermelinkleid angezogen hat?

Wer die Möglichkeit hat, die Stadt zu verlassen, sollte sie nutzen. Die meisten der hier vorgeschlagenen Winterwanderungen, sei es in unmittelbarer Stadtnähe oder im Vorgebirge, lassen sich mit öffentlichen Verkehrsmitteln gut erreichen. Gerade im Winter ist das wichtig, denn nicht jeder möchte sich mit dem Auto über verschneite oder vereiste Straßen plagen und nach einem entspannenden Tag in frischer Luft wegen einer anstrengenden Autofahrt wieder gestresst zu Hause ankommen.

Kurze und lange Wanderungen, bekannte Touren und Geheimtipps wechseln sich ab und sogar ein paar stramme Winter-Bergtouren aus den Bayerischen Voralpen sind dabei.

Egal, welche Vorschläge aus diesem Band Sie für Ihre winterlichen Streifzüge auswählen, ich wünsche Ihnen stets viel Freude, gutes Wetter und immer eine gesunde Rückkehr!

Ihr

INHALT UND TOURENÜBERSICHT

AUFTAKT

Mangfall bei Aumühle

km	h	hm	hm								Karte
14	4:00	60	60	✓	✓		✓			✓	180
12	4:45	80	80	✓	✓		✓				180
12	2:30	50	50	✓	✓		✓				180
9	2:30	280	280	✓	✓		✓		✓	✓	180
8	2:00	40	40	✓	✓		✓		✓	✓	180
9	2:15	140	140	✓	✓		✓				180
4	1:15	50	50	✓	✓		✓		✓		180
6	1:30	60	60	✓							180
14	3:45	390	390	✓	✓						180
9	2:30	140	140	✓	✓		✓		✓		5

Wintermärchen auf dem Jochberg; hinten Herzogstand und Heimgarten

INHALT UND TOURENÜBERSICHT

km	h	hm	hm	P							Karte
7	2:30	300	300	✓	✓		✓		✓		5
9	2:15	20	20	✓	✓				✓		180
10	2:30	60	60	✓	✓		✓			✓	7
10	2:45	120	120		✓		✓				6
7	1:30	30	30	✓	✓						7
9	3:45	780	780	✓	✓			✓			182
10	3:00	90	90	✓	✓		✓				6
8	2:30	120	120		✓		✓		✓	✓	180
14	3:15	50	50	✓	✓		✓				180
17	4:30	200	200	✓	✓		✓		✓	✓	180
13	2:45	70	70	✓			✓				180
10	2:30	20	20	✓	✓		✓				180
6	1:30	140	140	✓	✓		✓			✓	180
13	3:45	50	50	✓	✓		✓		✓		180
8	3:00	60	60	✓	✓		✓			✓	180
9	2:45	70	70	✓	✓		✓		✓		180
8	3:00	120	120	✓	✓		✓				181
13	3:30	180	180	✓	✓		✓				181
13	2:30	50	50	✓	✓		✓		✓	✓	181
8	2:30	300	300	✓	✓		✓	✓			181
11	2:30	140	140	✓	✓						180
10	3:15	210	210	✓	✓		✓		✓		180
14	4:20	200	200	✓	✓		✓		✓		180
7	1:45	130	130	✓	✓		✓				180
13	4:00	80	80	✓	✓		✓		✓	✓	180

INHALT UND TOURENÜBERSICHT

Klirrend kalter Wintermorgen am Schliersee

km	h	hm	hm								Karte
9	2:30	150	150	✓	✓		✓				8
10	3:00	530	530	✓	✓	✓	✓	✓		✓	182
12	3:00	20	20	✓	✓		✓			✓	182
4	2:00	390	390	✓				✓			182
14	4:00	640	640	✓	✓		✓	✓		✓	182
12	4:20	950	950	✓	✓		✓	✓		✓	8, 182
12	4:45	850	850	✓	✓			✓	✓		8
8	2:45	470	470	✓	✓		✓	✓			8
7	2:00	100	100	✓	✓		✓				8
7	2:00	40	40	✓	✓		✓				8
13	4:00	200	200	✓	✓		✓		✓		8
3	0:45	20	20	✓	✓		✓				8
14	3:30	800	800	✓	✓		✓	✓		✓	8
8	2:00	130	130	✓	✓		✓			✓	8
7	3:30	770	770	✓	✓		✓	✓	✓	✓	8

Ausblick vom Breitenstein zum Wendelstein

Winterliche Bergwelt auf dem Schildenstein

GEBIETSÜBERSICHTSKARTE

Haar
Vaterstetten
Kr. M-Ost
Rechtmehring
Albaching
Ebersberg
Zorneding
Otto-brunn
Unter-haching
Kirch-seeon
Grafing b.M.
Pfaffing
Hohenbrunn
Oberpframmern
Taufkirchen
Kreuz M-Süd
Straßlach-Dingharting
Hofolding
Glonn
Aßling
Hohenthann
Rott a.I.
Aying
Großhelfendorf
Tuntenhausen
Feldkirchen-Westerham
Beyharting
Otterfing
Holzkirchen
Bruckmühl
Rosenheim
Bad Aibling
Götting
Irschenberg
Kolbermoor
Groß-hartpenning
Dietramszell
Isar
Königsdorf
Sachsenkam
Miesbach
Au
Raubling
Waakirchen
Hundham
Bad Feilnbach
Brannenburg
Gmund a.T.
Hausham
Schliersee
Bad Tölz
Bad Wiessee
Tegernsee
Rottach-Egern
Brauneck
1555
Kreuth
Wallberg
Mangfallgeb.
Ursprungpass (849)
Achenpass (941)
Thiersee
Achenkirch
Steinberg a.R.
Mariastein
Angath
Kirchbichl
Brandenberg
Rofangebirge
2299
Inn
Wörgl
1770
Achensee
Pertisau
Großer Ahornboden
Maurach
Rattenberg
Brixlegg
Auffach
Eng
Jenbach
Strass im Zillertal
Alpbach
Kelchsau

WANDERN IM SCHNEE UND AUF DEM EIS

Ganz so einfach, wie es viele vom Sommer gewöhnt sind, ist das Winterwandern nicht. Ein paar Grundregeln gilt es zu beachten, wenn man sich in klirrende Kälte wagt, und das gilt besonders, wenn Schnee liegt oder die Wege vereist sind.

Viele der hier vorgestellten Wege sind im Winter geräumt und gestreut, dort spazieren zu gehen sollte niemanden überfordern. Anders sieht es allerdings auf den nicht präparierten Strecken aus. Das Finden der richtigen Route kann bei Schneelage schwierig werden, vor allem, wenn man keine gute Karte im Gepäck hat. Markierungszeichen oder Wegweiser gibt es nicht immer und manchmal sind sie auch im Schnee nicht zu erkennen. In solchen Situationen kann neben einer guten Karte ein GPS-Gerät wertvolle Dienste leisten. Die Tracks für alle Touren können Sie von der Internetseite des Kompass-Verlags herunterladen.

Auf keinen Fall darf man in Skispuren gehen. Es sollte für jeden Winterwanderer und Schneeschuhgeher (und deren Hunde) selbstverständlich sein, dass Loipen und Aufstiegsspuren von Skitourengehern tabu sind.

Der Maisinger Bach in der Maisinger Schlucht

Besonderen Reiz üben unsere schönen oberbayerischen Seen aus, wenn sie zugefroren sind. Eisläufer und Stockschützen, Eishockeyspieler und viele Spaziergänger sind von den großen Eisflächen magisch angezogen. Bei solider Eisdecke ist das auch in Ordnung. Doch leider zeigt sich immer wieder, dass viele die Gefahren auf dem Eis nicht richtig einschätzen. Tragische Unfälle der Vergangenheit sprechen eine deutliche Sprache.
Auf ein und demselben See kann das Eis eine höchst unterschiedliche Qualität haben. Bodenwärme und Strömungen, Quellen, Zuflüsse und Eisrisse können die Ursache sein. Mit Schnee bedeckte Eisflächen sind in der Regel dünner und weniger solide als blanke, auch wenn das subjektive Gefühl meistens anders ist.
Höchst gefährlich sind Stauseen. Ihr Wasserstand ändert sich ständig, und deshalb können unter der Eisdecke heimtückische Hohlräume entstehen, die von außen nicht sichtbar sind.

AUSRÜSTUNG

Es ist selbstverständlich, dass man sich im Winter warm anziehen muss. Ein solider Anorak, der auch bei nassem Schneefall oder Regen dicht hält, Ersatzhandschuhe und eine zusätzliche Mütze gehören ebenso zur Grundausrüstung, wie dicke Socken (vielleicht sogar ein Ersatzpaar, wenn es nass wird) und feste Winterstiefel mit griffiger Profilsohle.
Damit ist es aber noch nicht getan. Vorsichtshalber sollte man Spikes dabei haben. Diese können mittels einer Gummilasche über die Stiefel gezogen werden und geben selbst auf spiegelglatten Eisflächen, wie man sie immer antreffen kann, sicheren Halt.
Wagt sich jemand ins winterliche Gebirge, kommt er um zusätzliche Ausrüstung nicht herum. Auf alle Fälle sind Schneegamaschen oder eine Tourenhose erforderlich, in die entsprechender Schutz eingearbeitet ist. Dazu gehören Tourenstöcke mit großem Tiefschneeteller. Nach Schneefällen wird man wohl auch um Schneeschuhe nicht herumkommen. Wer nach längeren Trockenperioden auf Schneeschuhe verzichtet, muss Leichtsteigeisen, so genannte „Grödel“ mitnehmen. Sie erleichtern das Gehen auf vereisten Flächen oder beinhart gefrorenem Schnee.
In unerschlossenem, winterlichem Berggelände braucht man zudem ein Verschüttetensuchgerät („Lawinenpiepser“), eine Lawinenschaufel, evtl. eine Lawinensonde und auf alle Fälle ein Handy, um im Notfall Hilfe holen zu können.
Der Umgang mit derartigen Geräten muss vorher geübt werden, denn im Notfall muss jeder Handgriff sitzen.
In den Rucksack gehört zudem Verpflegung. Nicht immer sind Einkehrmöglichkeiten auf der Route zu finden, oder sie sind geschlossen. Vor allem Getränke sind wichtig. Ein Schnapserl mag zwar dem einen oder anderen zwischendurch gut schmecken, doch Kondition und Aufmerksamkeit fördert es sicher nicht. Besser wäre es, in einer guten Thermosflasche heißen Tee mitzunehmen, der an kalten Tagen nicht nur den Durst stillt, sondern auch von innen wärmt.

WETTER

Die Wettervorhersage sollte man kennen, dann ist man normalerwei-

se vor Überraschungen sicher. Das Wetter schlägt im Winter in der Regel keine Kapriolen, wie es das im Sommer gelegentlich schafft. Gewitter gibt es kaum.
Trotzdem muss man beachten, dass bei schlechter Sicht selbst bekanntes Gelände – vor allem im Gebirge oberhalb der Baumgrenze – im kontrastlosen Weiß in Weiß zu einem verhängnisvollen Irrgarten werden kann. Auf alte Spuren darf man sich niemals 100 %ig verlassen. Außerdem können starker Wind und Schneefall sie sehr schnell zerstören. Sinnvoller Weise bricht man zu winterlichen Streifzügen nur bei guter Wetterprognose auf, auch wenn ein ausgedehnter Spaziergang in dichtem Schneefall – entsprechend ausgerüstet – seine besonderen Reize hat.

Morgensonne am Spitzingsee

WALD UND WILD

Wenn der Winter der Natur sein weißes Kleid anzieht, wird mancher das Gefühl nicht los, allein mit sich und der Welt zu sein. Wo stecken nur all' die Vierbeiner und die gefiederten Könige der Lüfte in der kalten Jahreszeit?
Die Tiere leben zurückgezogen im Wald und einige lassen sich zeitweise einschneien, manche sogar gezielt, um unter der Schneedecke nach Futter zu suchen. In den Ruhezeiten verringern sich Puls und Herzschlag stark, doch werden sie von Wanderern gestört, müssen die Tiere plötzlich fliehen. Das kostet sie enorm viel Energie, und wenn sie in einem Winter öfters gestört werden, reichen die Reserven in der nahrungsarmen Notzeit fürs Überleben nicht aus.
Ein paar Grundregeln sollte der Winterwanderer beachten, die vor allem im unerschlossenen, winterlichen Vorgebirge gelten:

- nach Möglichkeit Wälder meiden und wenn es nicht anders geht, Wegen und Straßen folgen
- Aufforstungen und natürlichen Jungwuchs meiden
- sichtbare Wildtiere weiträumig umgehen, wenn das möglich ist. Ansonsten moderat (zum Beispiel durch gedämpfte Unterhaltung) auf sich aufmerksam machen, damit das Wild die Möglichkeit hat davonzuziehen, ohne schnell fliehen zu müssen
- unvermittelt angetroffene Tiere nicht verfolgen, sondern sich abwenden und Zeit für die Flucht einräumen
- Wildfütterungen meiden
- vorhandenen Spuren folgen, wenn diese vernünftig angelegt sind

SCHWIERIGKEITSBEWERTUNG
Bei allen Routenvorschlägen ist in der Rubrik „Tourencharakter“ stichpunktartig auf die Schwierigkeiten hingewiesen, die normalerweise zu erwarten sind. Die Wetterverhältnisse, Naturereignisse (wie Sturm, Unwetter u. ä.) können jedoch für Überraschungen sorgen. Starker Regen kann Wege wegschwemmen, Hänge können abrutschen, Bäume oder ganze Wälder umstürzen. Es gibt viele Möglichkeiten, unter denen Wege und Pfade leiden. Im Gebirge ist das Risiko dafür deutlich höher als im Flachland.
Um die Tourenauswahl zu erleichtern, wird jede Tourennummer in einem farbigen Dreieck dargestellt, das die zu erwartenden Anforderungen andeutet:

■ LEICHT
Diese Routen sind einfach. Sie verlaufen auf Forststraßen oder guten Wegen. Sie erfordern normalerweise keine besondere Ausrüstung.

■ MITTEL
Touren dieser Art können gut trainierte Winterwanderer auf Anhieb schaffen. Mitunter verlangt die Routenführung aber etwas Orientierungsgabe. Bei hoher Schneelage oder Vereisung ist besondere Ausrüstung notwendig (Schneeschuhe, Grödel, Spikes).

In der winterlichen Partnachklamm

■ SCHWER
Zu dieser Kategorie gehören anspruchsvolle Touren. Sie eignen sich nur für erfahrene Wanderer mit guter körperlicher Verfassung. Im gebirgigen Bereich verlangen sie absolute Trittsicherheit, Schwindelfreiheit und Erfahrung im winterlichen Berggelände. Sichere Wetterlage ist Voraussetzung. Die Routen verlaufen zum Teil über längere Strecken in abgeschiedenem, unerschlossenem, weglosem und unmarkiertem Gelände. Nach Schneefällen kann im Berggelände erhöhtes Lawinenrisiko bestehen.

MEINE LIEBLINGSTOUR

Durch den Isarwinkel
Für diese Tour braucht man Schnee, dann wird sie zum tief greifenden Erlebnis. Die weiße Pracht der bei Skifahren, Tourengehern und Winterwandern beliebten Bergeshöhen zu beiden Seiten des Isarwinkels glitzert im Sonnenlicht und bildet eine märchenhafte Kulisse im Hintergrund, während die Isar neben dem guten Weg vor sich hin rauscht. Idyllische Ortschaften und eine intakte Auenlandschaft begleiten den Winterwanderer bis in die schmucke Stadt **Bad Tölz**, die besondere Reize im Advent hat, wenn der berühmte Christkindlmarkt stattfindet.

Die Isar bei Arzbach; hinten der Geierstein

MEINE HIGHLIGHTS

1

3

2

1: Herrsching – kurzweilige Rundtour zur prächtigen Klosterkirche und ins beliebte Bierstüberl
→ Tour 4, Seite 33

2: Ettaler Mühle – Sonnenweg an der Ammer am Fuße der Ammergauer Alpen
→ Tour 10, Seite 50

3: Partnachalm – durch die winterlich bizarr erstarrte Partnachklamm
→ Tour 11, Seite 53

4: Königsdorf – Fischbach, Rundwanderung durch das Naturrefugium Rottachmoos
→ Tour 32, Seite 118

5: Fischbachau – Elbach, Panoramarunde über dem Leitzachtal
→ Tour 46, Seite 165

4

5

Der frisch verschneite Brecherspitz überragt den Spitzingsee

AM NORDWESTUFER DES AMMERSEES

Ausgedehnter Spaziergang

14 km | 4:00 h | 60 hm | 60 hm | 180

START | Bad in Eching am Ammersee, 538 m
[GPS: Breite N 48.069863° Länge E 011.109935°]
CHARAKTER | Einfache, aber etwas weite Wanderung
EINKEHR | Wirtshäuser in Eching, Schondorf und Utting

Vom Parkplatz beim **Echinger Bad** 01 spaziert man auf der Straße nach Süden zur rechtsseitigen Abzweigung des Finkenwegs und biegt auf ihn ein. Er steigt ein wenig an, bis man ihn in seiner Rechtskehre geradeaus verlässt, um einem schmalen Pfad am Waldrand nach Westen zu folgen. Hinter einer Linkskurve führt die Route durch ein kurzes Waldstück und anschließend am Waldrand weiter, bis eine Traktorspur in den Wald eintaucht. Gleich darauf muss man links abbiegen und am Rand des Waldes weitergehen.
In den 80er Jahren wurde dort ein schweres Verbrechen verübt, das einen sehr tragischen Ausgang gefunden hatte. Ein entführtes Kind wurde in eine Kiste eingesperrt und dort vergraben. Der Täter konnte lange nicht gefasst werden. Inzwischen wurde ein Tatverdächtiger festgenommen.
Im weiteren Verlauf kommt man wieder in den Wald und geht ein wenig auf und ab, quert bei **Aumühle** die Straße zwischen Eching und Schondorf, geht nach Westen auf freien Wiesen geradeaus weiter und am Waldrand zu einer Wegverzweigung. Dort links abbiegen, gleich bei der nächsten Abzweigung rechts halten und auf einer Brücke über die **Bahnstrecke** 02. Nun neben den Bahngleisen links gegen Süden dahin, bis der Fahrweg wieder auf die Autostraße stößt. Unmittelbar davor nach

Römisches Badehaus

Ein Gedenkstein zwischen Utting und Schondorf erinnert an ein römisches Wohn- und Badehaus, das vom 2. bis zum 4. Jahrhundert dort stand. Seine Grundmauern sind im Jahr 1924 von Dr. Blendinger und Schülern des Landheims Schondorf freigelegt worden. Auf diesem Gedenkstein an der Stelle, wo einst diese luxuriöse Villa stand, finden sich dazu nähere Informationen.

Eching
am Ammers
541
Algertshausen
581
Edling
Painhofen
Roming
Eberhardt
593
Greifenberg
29
Gießübl
Mario
Zur Post
582
Greifenberg
Aumühle
Segelclub
01
02
Weingarten
Windach
555
Schweinach
563
Kalkbrunn
Zum Wastl
Café Forster
Seepost
03
Sailer
Steghaus
Hechenwang
Drexl
Schondorfer
Schondorf
am Ammersee
568
597
Plomberg
Hottenbach
Reisenbühl
Ludwigs-
höhe
587
04
05
Alte Villa
Utting
am Ammersee
St. Leonhard
Seefelder Hof
573
Wittelsbacher Hof
Augsburger
Seglerclub
0
500 m
Kittenbach
Künstlerhaus
Gasteiger
Holzhausen
635
602
Dampfersteg

rechts zu einem aussichtsreichen Hügel abbiegen und einer Fahrspur bis zum Entlüftungsschacht des Wasserbehälters folgen. Bei ihm dreht man links ab, geht entlang der Hangkante weiter, bis die auffallende **St.-Anna-Kirche in Schondorf** 03 erreicht ist.
An der Kirche vorbei und zuerst auf der St.-Anna-Straße, später auf der Landsberger Straße durch Schondorf. Bevor die Landsberger Straße wieder abfällt, beschreibt sie einen Linksbogen. Dort nach rechts auf die Blombergstraße und auf ihr Schondorf verlassen.
Anschließend einem Feldweg entlang und zu einer Fahrspur, die vor einer Geländekuppe nach links abzweigt und zum Parkplatz an der Staatsstraße stößt. Rechts vom Parkplatz die Autostraße queren und auf einem Fahrweg zunächst gegen Süden, später Südosten auf den Uttinger Kirchturm zu.
Beim Gewerbegebiet kommt man nach Utting und geht auf dem Moosgraben in den Ort hinein. Hinter der Hauptstraße geht es auf der Ludwigstraße weiter, die nach links ins **Ortszentrum** 04 führt, wo auch die Kirche steht.
Der weitere Weg verläuft quer durch den Friedhof, an Schule und Feuerwehrhaus vorbei, bis sich die Straße zu einem engen Fußweg zusammenschnürt. Er führt neben einem Bach dahin, quert ihn auf einem Brücklein nach rechts und stößt wieder zur Bahnstrecke. Dort rund 100 Meter weit nach rechts und anschließend links halten, um die Bahnstrecke zu unterqueren und der Mühlstraße bis zur Seestraße zu folgen.
Auf der Seestraße nach Norden im Großen und Ganzen am Seeufer entlang, zu einer Promenade und an der **Wirtschaft Alte Villa** 05 vorbei. Dahinter wird wieder die Seestraße erreicht, die nach Schondorf hineinführt.
Neben dem Bad am Ortsrand links schwenken und bei der nächsten Verzweigung nach rechts zum Weingarten. Von dort führt ein gemütlicher Wanderweg an der Tennisanlage vorbei und durch den Wald weiter, bis schließlich der Hinweg erreicht ist, dem man zum **Ausgangspunkt** 01 folgt.

Ammerseeufer in Schondorf

IM MÜHLTAL

Von Buchendorf nach Leutstetten und zurück

12 km 4:45 h 80 hm 80 hm 180

START | Buchendorf, 592 m
[GPS: Breite N 48.057280° Länge E 011.402941°]
CHARAKTER | Mit Schwierigkeiten ist normalerweise nicht zu rechnen
EINKEHR | Schlossgaststätte in Leutstetten

In Leutstetten

Hauptort auf dieser beliebten Rundwanderung ist Leutstetten, Sommersitz des letzten bayerischen Königs Ludwig III., der in der warmen Jahreszeit in dem 1565 vom herzoglichen Kämmerer Hans Urmiller gebauten Schloss residierte, das im Jahr 1875 auf ihn übergegangen war, als er noch Prinz Ludwig von Bayern hieß.
Die Würm wird uns auf dieser Wanderung ein gutes Stück begleiten. Nachdem sie den Starnberger See (der auch Würmsee heißt) verlassen hat, zwingt sie sich direkt unter dem Leutstettener Schlossberg durch das enge Mühltal, wo sie im Auwald viele Seitenarme und Altwasser bildet. Dort hat sich in Stadt- und S-Bahnnähe eine großartige Naturlandschaft erhalten, die als Ausflugsziel stets beliebt ist und ein paar nette Rodelhügel im Programm hat.

▶ Der Ausgangspunkt lässt sich nicht verfehlen. Mitten in Buchendorf steht eine goldene **Patrona Bavaria** 01, wenn das kein guter Startpunkt ist.
Von dieser prächtigen Mariensäule folgt man der Hauptstraße (Gautinger Weg) gegen Westen und biegt nach links auf den Leutstettener Weg ein. Nun gegen Süden weiter und bei der Weggabelung schräg links auf dem Wangener Weg weitergehen. Er führt über freies Feld bis zum Waldrand. Dort muss man sich rechts halten, gleich darauf wieder rechts gehen und auf dem Leutstetter Geräumt fast eben gegen Südwesten durch den Wald dahin.
Schließlich führt die Forststraße durch ein paar Bögen und zu einer lang gezogenen Waldlichtung. Man folgt dem Westrand dieser Lichtung, wo die Route ein bisserl ansteigt, hält sich kurz vor dem Gut Schwaige rechts und erreicht eine nur sehr wenig befahrene Straße. Auf ihr nach rechts, bis in einer scharfen Linkskurve der Straße nach rechts ein Feldweg abzweigt. Auf ihm durch eine breite Talmulde, bei der Abzwei-

gung eines noch engeren Pfades nach links einem Hang entlang und über einen Geländerücken hinweg. Wer richtig gegangen ist, landet genau bei der **Schlossgaststätte von Leutstetten** 02. Die Einkehr im altehrwürdigen Wirtshaus sollte man sich nicht entgehen lassen.

Anschließend geht es auf der Nordseite der Wirtschaft auf einem schmalen Weg nach Nordwesten aufwärts, über eine freie Kuppe und zu einem Querweg hinab. Auf ihm nur 20 Meter weit nach rechts, um anschließend auf einen schmalen Pfad abzuzweigen. Er führt über einen Waldhügel und fällt als breiter Weg zur Würm ab. Neben der munter dahinfließenden Würm im malerischen Mühltal dem breiten Rad- und Fußweg gegen Norden folgen und um den Schlossberg herum.

Unmittelbar vor der Ausleitung eines Mühlbachs verlässt die Promenade das Flussufer nach rechts und verläuft in Flussnähe nach Norden, aus dem Wald heraus und nach **Reismühl** 03. Von dort geradeaus bis ans Ende des Fußballplatzes, dann rechts halten und nach Osten auf einem breiten Hohlweg, dem Reismühler Weg im Wald in ausholenden Kehren bergauf.

Am Waldrand wird ein breiter Fahrweg erreicht. Auf ihm geradeaus weiter und beim Wegkreuz zur Autostraße. Neben ihr führt der Fuß- und Radweg zur **Mariensäule in Buchendorf** 01 zurück.

Winterwandern an der Würm im Mühltal

Winterliche Baumschwämme im Mühltal

Gauting
564
580
Grubmühl
554
Würm
577
566
Schloss Fußberg
Münchener Berg
580
Prey
565
585
Keltensch
Sommerbad Gauting
564
Haller
594
Buchendorf
592
01
Reismühl
03
Königs-wiesen
2
604
537
Kasparskreut
Ullrichs-kapelle
Schlossberg
Leutstetter Geräumt
Dillis-Geräumt
631
Mühlthal
647
Ruine Karlsburg
626
Schlossgaststätte
02
LEUTSTETTEN
592
Schwaige
Schönberg
661
Petersbrunn
Einbettl
Schwaigwald
Sonnenberg
661
Murnau
585
Villa Rustica
Wildmoos
598
WANGEN
652
652
Holzeder
Goldsee
Truhensee
TARNBERG
587
Heimatshausen
Percha
0 500 m

MAISINGER SCHLUCHT UND MAISINGER SEE

Von Söcking nach Maising und zurück

12 km | 2:30 h | 50 hm | 50 hm | 180

START | Söcking, 610 m
[GPS: Breite N 47.994997° Länge E 011.319286°]
CHARAKTER | Leichte, aber weite Wanderung ohne nennenswerten Höhenunterschied
EINKEHR | Gasthaus Georg Ludwig in Maising

Eisstockschützen auf dem Maisinger See

Bei S-Bahnfahrern erfreut sich die Wanderung durch die Maisinger Schlucht großer Beliebtheit, denn sie kann vom S-Bahnhof Starnberg aus gut bewältigt werden. Und wer einen Abstecher unternimmt, kann nach **Pöcking** zurückgehen und von dort wieder mit der S-Bahn heimreisen.
Die hier vorgestellte zusätzliche Umrundung des Maisinger Sees wird dann allerdings etwas weit, insgesamt rund 15 km, was im Winter, wenn Schnee liegt, zu viel sein kann. Deshalb ist hier als Ausgangspunkt der Eingang in die Maisinger Schlucht bei Söcking gewählt, der allerdings mit öffentlichen Verkehrsmitteln nicht erreichbar ist. Aber dann beläuft sich die Strecke nur auf gut 12 km.

▶ Von der Absperrschranke am **Eingang in die Maisinger Schlucht** 01 folgt man dem Spazierweg nach Südwesten, an pfundigen Rodelhängen und dem alten Wasserwerk vorbei und etwas nach links über eine Brücke. Gleich hinter ihr geht es nach rechts in die **Maisinger Schlucht** 02 hinein. Das Tal des Maisinger Bachs verengt sich immer mehr und der Weg führt unter einer mächtigen Brücke der Staatsstraße 2563 unmittelbar neben dem Bach weiter.

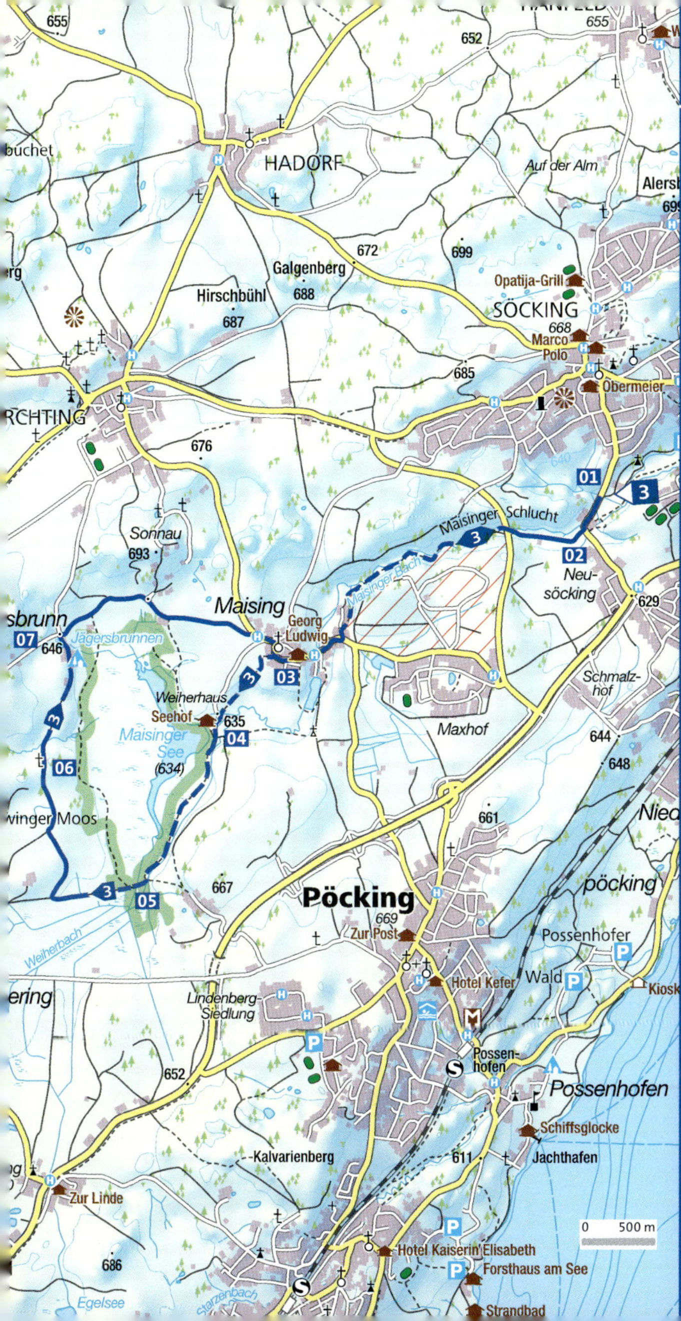
HADORF
Galgenberg
688
Hirschbühl
687
672
699
Auf der Alm
Opatija-Grill
SÖCKING
668
Marco Polo
Obermeier
685
676
Sonnau
693
Maisinger Schlucht
Maisinger Bach
01
02
03
04
05
06
07
Neu-söcking
629
Maising
Georg Ludwig
Jägersbrunnen
646
Weiherhaus
Seehof
635
Maisinger See
(634)
Maxhof
Schmalz-hof
644
648
661
667
Pöcking
669
Zur Post
Hotel Kefer
Possenhofer Wald
Kiosk
Lindenberg-Siedlung
652
Possen-hofen
Possenhofen
Schiffsglocke
Jachthafen
611
Kalvarienberg
Zur Linde
686
Egelsee
Starzenbach
Weiherbach
Hotel Kaiserin Elisabeth
Forsthaus am See
Strandbad
655
0 500 m

Mehrmals wird der naturnahe Bachlauf gequert, bis die Route kurz zum Schluchtweg in Maising ansteigt. Auf ihm nach links zur Bushaltestelle hinaus und rechts abzweigend auf dem Fußweg neben der Ortsstraße dahin. Hinter dem Mühlleitenweg geht es über den Bach hinüber und anschließend bis zum **Gasthaus Georg Ludwig** 03 etwas bergauf.

Unmittelbar neben der Wirtschaft verlässt der Fußweg zum Maisinger See den Ort und führt über freies Feld (bei der Abzweigung links) zur Kapelle und der im Winter geschlossenen **Gaststätte Seehof** 04. Nun geht es auf dem Dammweg nach links (gegen Süden) am Seeufer im Wald weiter. Hinter dem Waldrand dreht der Weg rechts ab und quert einen **Wassergraben** 05.

Kurz vor einem frei stehenden Hof muss man nach rechts auf den Moosweg einbiegen, der in ausholenden Kurven über das Auwinger Moos und nach kurzer Gefällstrecke in den Wald hineinführt. Auf einer Forststraße kommt man am **Maria-Hilf-Marterl** 06 vorbei, in

Wildente auf dem Maisinger Bach, mitten in Maising

geringem Auf und Ab wieder aus dem Wald heraus und nach **Jägersbrunn** 07, wo man die vom **Walchenseekraftwerk** nach Pasing führende Bahnstromleitung unterquert.

Hinter dem Ort kreuzen sich die Wege. Dort rechts abbiegen und bei der Abzweigung nach Sonnau geradeaus weiter. Bei der folgenden Abzweigung könnte man nach rechts in knapp einem Kilometer zum See zurückgehen, oder man folgt dem Fahrweg geradeaus nach Maising hinein, um wieder durch die Maisinger Schlucht zum **Ausgangspunkt** 01 zurückzugehen.

Der Maisinger Bach bei Söcking

HERRSCHING – ANDECHS

Von Herrsching auf den Heiligen Berg

9 km | 2:30 h | 280 hm | 280 hm | 180

START | Herrsching, 546 m
[GPS: Breite N 47.997400° Länge E 011.171078°]
CHARAKTER | Leichte Wanderung
EINKEHR | Klosterstüberl und Biergarten in Andechs und zahlreiche Wirtshäuser in Herrsching

Den einen interessiert die großartige Rokokokirche, den anderen die hochkarätigen Kulturveranstaltungen und fast alle das Bierstüberl und der Biergarten beim Kloster Andechs. Nicht nur das Bier, auch Schweinshaxen, Leberkäs und Andechser Käse haben es zu Recht zu Weltruhm gebracht, und deshalb kommen viele Besucher.
Viele von ihnen gehen zu Fuß zum Heiligen Berg und das ist vernünftig. Denn mit dem wohltuenden Andechser Bier respektive seinem Alkohol im Blut darf man nicht mehr Auto fahren und vom Bahnhof in Herrsching, wo man kaum parken kann, gibt es zwei Wege nach und von Andechs. Der Anmarsch am Hörndlweg ist gerade so lang, dass man in seiner Vorfreude nicht zu extrem auf die Folter gespannt wird und der landschaftlich noch schönere Rückweg durch das **Kiental** ist genau recht zum Auslüften, wenn man dem süffigen Bier zugesprochen hat. Während es am Hörndlweg kaum Sitzgelegenheiten gibt (es pres-

Der Heilige Berg mit dem Kloster Andechs

Auf dem Hörndlweg zwischen Herrsching und Andechs

siert ja nach Andechs), findet man am Rückweg für den müden Wanderer und gestressten Biergartenbesucher jede Menge Rastplätze.

▶ Vernünftigerweise reist man mit der S-Bahn an, kommt aus dem **Bahngelände** 01 heraus und über die Bahnhofstraße zur Tourismusinformation (Verkehrszentrale). Ein paar Meter nach Norden und gleich gegen Osten abdrehen, um dem Fußweg nach Andechs auf der Kienbachstraße zu folgen. Am Straßenende nach rechts über den Kienbach und gleich darauf wieder links auf der Fischergasse weiter. Dann links auf die Mühlfelder Straße abbiegen und vor dem Gasthaus zur Post rechts haltend am Bach zur Andechsstraße. Bei der goldenen Mariensäule rechts abzweigend dem Wegweiser zum Hörndlweg folgen. Er biegt sogleich links auf die Leitenhöhe ab, auf der man durch ein mondänes Villenviertel zur Abzweigung des Adolf-Ockert-Wegs ansteigt. Bei dieser Abzweigung links weiter, aus dem Ort heraus und in den Wald. In einer Lichtung gabelt sich der Weg. Dort links weiter hinauf, an der folgenden Verzweigung nochmals links und auf einem deutlich ausgeprägten Höhenrücken dahin. Dann wechselt man nach links auf einen etwas breiteren Weg und folgt ihm in eine lang gezogene Waldlichtung. Dort sieht man erstmals durch die Bäume die wuchtige Klosterkirche von Andechs am Heiligen Berg thronen.
Durch eine parkähnliche Landschaft zu den ersten Häusern von **Erling** 02 und gleich nach links auf den Wartaweiler Weg, der gegen Osten abfällt. Er schnürt sich zu einem Pfad zusammen und fällt über viele Treppenstufen ins **Kiental** 03 ab. Im Talgrund, unmittelbar bei einem Wasserfall auf einer Brücke den Bach queren, dann links und gegen Norden direkt zur **Klosterkirche** 04 hinauf. Den Weg in den Biergarten oder ins Bierstüberl wird – auch ohne Routenbeschreibung – kaum jemand verfehlen.
Zurück folgt man nur kurz dem Aufstiegsweg. Schon nach der ersten Treppenetappe zweigt man bei der kleinen Kapelle rechts ab und geht neben der Klostermauer nach Westen hinunter. An der Verzweigung links und zum Brunnen mit der neugotischen Kapelle. Von diesem schönen Rastplatz nach Süden weiter, bis der Aufstiegsweg erreicht ist. Auf ihm ins Kiental hinab und rechts abzweigen. In der tiefen Bachschlucht, eingesäumt von markanten Nagelfluhfelsen nach Norden bis Herrsching talaus, wo auf der Andechsstraße der Zuweg erreicht wird. Auf ihm zum **Bahnhof** 01 zurück.

599
see
(534)
Wido
638
Rausch
593
Ried
552
Lochschwab
Weinberg
659
Schloss
Rezensried
Seestüberl
TSV-
Gaststätte
Herrsching
am Ammersee
547
01
Zur Post
644
Egelsee
Café Promenade
Ammersee-Hotel
Seepitz
Piushof
Mühlfeld
665
714
Mühlfeld-
Bräu
Kiental
Höhenberg
601
Andechser
Bräustüberl
04
Kloster-
Andechs
Begegnungs-
stätte Wartaweil
537
Hofweg
Ramsee-
denkmal
02
Klostergasthof
Friedens-
kapelle
602
Schwellbrücke
03
Wartaweil
Erling
669
540
Ramseestraße
726
Ökostation
Wartaweil
618
706
Mühltalbach
Weiße
Säule
Almweg
644
Klasb
Biotop
Urihof
Kienbach
687
Stephansk
Blumberg
614
646
Oberer
Weiher
Stephans
0 500 m
Aidenried

5

VON PERCHA ZUM STARNBERGER SEE

Wo König Ludwig II. ertrunken ist

8 km | 2:00 h | 40 hm | 40 hm | 180

START | Parkplatz Erholungsgebiet Kempfenhausen, 602 m [GPS: Breite N 47.994632° Länge E 011.359849°]
CHARAKTER | Normalerweise ist die Wanderung über gut 8 km leicht, allerdings werden die Wege nicht gestreut
EINKEHR | Zahlreiche Cafés, Hotels und Wirtshäuser an der Route

Votivkapelle am Starnberger See in Berg

Das Ziel dieser Wanderung ist zu trauriger Berühmtheit gelangt. Der Umkehrpunkt dieser kurzen Seeuferwanderung ist nämlich exakt die Stelle, an der unser Bayernkönig Ludwig II. im Starnberger See schicksalhaft ums Leben kam.

▶ Vom **Parkplatz** 01 schlendert man ohne Eile die paar Meter zum See hinüber und anschließend auf dem breiten Uferweg nach Süden dahin. Wenn es nicht gar zu viel Nebel hat, zeigt sich über dem See die Stadt Starnberg, die mit dem spitzen Kirchturm und dem markanten Schloss auffällt. Bei besonders klarem Wetter lässt sich der Länge nach über den See schauen und am weiß-blauen Horizont zeigen sich die verschneiten, mar-

Murnau
585
Villa Rustica
Wildmoos
ersberg
699
Schießstätte
Tierheim
Galgensee
Goldsee
NSG
Truhensee
STARNBERG
587
Heimatshausen
Würm
Percha
2
952
Gut
Buch
Brückenwirt
PERCHA
Museum
Starnberger See
Werft
Undosa
2
636
5
01
620
Waldgaststätte
Manthal
Lüßbach
Harkirchen
625
Manthal
Kempfenhausen
Mahntal
660
Martinsholzen
Hotel
Schloss Berg
02
679
Berg
640
Frühtau
Farchach
628
iosk Paradies
03
Votivkapelle
Sternwarte
683
Halsbach
Grimaldi's
Ristorante
Seehotel Leoni
590
646
Aufkirchen
677
664
Gasthof
Zur Post
Leoni
Aufhausen
Seeleiten
Assen-
hausen
Sibichhausen
668
0 500 m

Der königliche Leibfischer Lidl

Nicht weit weg von der Votivkapelle und dem Gedenkkreuz im See steht das Haus des ehemaligen königlichen Leibfischers Jakob Lidl (der mit dem gleichnamigen Discounter nichts zu tun hat). Auf einer Tafel seines Fischerhäuschens ist nachzulesen, was es Gedankenvolles über das einstige Geschehen zu berichten gibt. Neben dem Fischen für die königliche Tafel war der Lidl Jakob auch als Postillion d'Amour aktiv. Mit seinem Fischerkahn brachte er Liebesbriefe, Gedichte und königliche Geschenke zur Roseninsel, wenn des Königs Seelenfreundin Sisi auf ihr zu verweilen geruhte. Den letzten traurigen Dienst allerdings erwies Lidl seinem König, als er seinen Leichnam aus dem See barg. Es wird vermutet, dass Lidl über das wahre Geschehen und die Art und Weise, auf die König Ludwig ums Leben kam informiert war und schweigen musste. Oskar Maria Graf behauptete gar, dass Lidl vom Prinzregenten Luitpold ein Schweigegeld bekommen habe. Fest steht, dass Lidl plötzlich reich wurde, zum Ehrenbürger von Berg und später sogar zum Bürgermeister ernannt worden ist.

Wanderung zur Votivkapelle in Berg am Starnberger See

kanten Berge des Wettersteingebirges mit der Zugspitze, Deutschlands höchstem Berg.
Der Uferweg führt zu den schönen, aber zum Teil protzigen Villen von Kempfenhausen und auf die Seestraße. Da sie kaum von Autos befahren ist, kann man auf ihr gut zu Fuß wandern. Zwischen parkartigen Gärten und dem schmalen, meist unzugänglichen Uferstreifen führt der Weg etwas monoton weiter und immer mehr in den Siedlungsbereich hinein.
Dann dreht die Straße rechts ab, führt nun den Namen **Wittelsbacherstraße** 02 und steigt ein wenig an. Bei der ersten Verzweigung schwenkt man nach rechts und geht in den Park des Schlosses Berg hinein. Auf breiter Promenade in sanften Kurven durch den Schlosspark, zur **Votivkapelle** 03 und neben ihr auf Treppen zum Gedenkkreuz.
Der Rückweg verläuft entlang der gleichen Route.

AUF DER ILKAHÖHE

Rundwanderung von Tutzing über den Deixlfurter See

9 km | 2:15 h | 140 hm | 140 hm | 180

START | Bahnhof in Tutzing, 614 m
[GPS: Breite N 47.906833° Länge E 011.273251°]
CHARAKTER | Bei geringer Schneehöhe recht einfache und wenig anstrengende Rundwanderung
EINKEHR | Forsthaus Ilkahöhe

Ilkahöhe

Hier wird eine Rundwanderung vorgestellt, die sich ideal für umweltfreundlich reisende Wanderer eignet. Sie beginnt und endet am Bahnhof in Tutzing, der Endstation der S 6.

Hauptattraktion auf der beliebten Wanderrunde ist die Ilkahöhe, die mit ihrer Höhe von 726 m den Starnberger See um rund 140 m überragt. Klar, dass sie einen großartigen Aussichtspunkt bildet. Wenn der See nicht gerade dichten Nebel aufsteigen lässt, was er leider gerne macht, zeigt sich von dort oben eine Schau, die über den Starnberger See und auf die Isarwinkler Berge fällt, die in brillantem Winterlicht und tief verschneit gleich um 1000 Meter höher ausschauen, als sie sind.

Damit sind noch nicht alle Glanzlichter auf dieser Wanderung aufgezählt. In der Nähe der Ilkahöhe gibt es das Forsthaus Ilkahöhe, wo es sich angenehm einkehren lässt. Wer Schlittschuhe mitnimmt, kann in einem strengen Winter auch noch Eislaufgirlanden auf dem Deixlfurter See drehen oder vorher mit dem Schlitten auf der Ilkahöhe rodeln.

▶ Vom **Bahnhof** 01 geht man erst einmal nach Norden und von der Bahnhofstraße auf die Heinrich-Vogl-Straße. Die Straße dreht ein wenig nach links, führt über den Mertelsgraben und unter dem Bahngleis durch. Direkt hinter der Bahnunterführung muss man links abzweigen, um Richtung Höhenberg weiterzugehen.
Nun rechts haltend den Höhenberg hinauf, wo sich die Straße zu einem breiten Weg verjüngt, der bald von einer alten Allee eingesäumt ist. Hinter dem Reiterhof geht es in den Wald hinein und in wechselnder Steigung weiter. Bei der folgenden Wegkreuzung geradeaus weiter und zum **Parkplatz** 02. Bei ihm biegt die Rundtour links ab und führt wieder auf einer alten Allee nach Süden, bis sie bei der Abzweigung vor dem Gutshof links abdreht und zur Kirche mit dem gepflegten Friedhof und dem benachbarten **Forsthaus Ilkahöhe** 03 stößt.
Nach der Einkehr folgt man dem Sträßchen wieder zum Gutshof hinauf und geht an der Kreuzung nach Westen geradeaus weiter, bis der Weg nach links in den Wald abdreht. Dort abkürzen und nach rechts auf einem breiten, steilen und bei Schnee etwas rutschigen Wurzelweg abzweigen, geradewegs durch einen Waldgürtel zu einem schmalen Querweg am Waldrand, dem man nach rechts zum höchsten Punkt der **Ilkahöhe** 04 folgt.

Kirche auf der Ilkahöhe

Nach der Pause schlendert man auf der Höhe gegen Norden weiter, steigt ein wenig ab und stößt auf eine kaum befahrene Asphaltstraße. Auf ihr nach rechts zur Kreuzung hinunter. Wer nicht mehr weitergehen mag, geht dem Hinweg nach Tutzing zurück.
Etwas ausdauerndere Spaziergänger halten sich an der Kreuzung beim **Parkplatz** 02 links, gehen am Parkplatz vorbei und auf einem Waldsträßchen gegen Norden zum östlichen Ortsrand von Obertraubing. An der dortigen Kreuzung führt die Route geradeaus, bei den Wohnhäusern kurz nach rechts auf einen Asphaltweg und zu einem Fahrsträßchen. Man folgt ihm etwa 100 Meter nach rechts, um in einer Rechtskurve geradeaus auf einen breiten Weg zuzuhalten. Beim ersten Weiher auf der rechten Seite muss man die Straße nach links verlassen, um durch den Wald zum **Deixlfurter See** 05 hinüberzugehen.
Die Route führt am Seeufer nach Nordosten dahin, bis man am Ende eines durch hohes Schilf führenden Weges rechts abzweigt,

um auf einer Kastanienallee nach Osten zur Straße zu gehen.
Auf ihr links weiter, bei der ersten Verzweigung rechts halten und sofort darauf nach rechts auf einen Waldweg einbiegen. Er schlängelt sich ein wenig dahin, führt dabei geringfügig auf und ab, aus dem Wald heraus und hinter einer Hecke etwas nach rechts über eine bei warmem Wetter ziemlich nasse Wiese. Bei den ersten Wohnhäusern wird ein Fahrweg erreicht, der nach Tutzing führt.

In der Linkskurve die Straße verlassen, zur Kreuzeckstraße hinunter, nach rechts in die Zugspitzstraße einbiegen und nach 200 Meter wieder links auf die Herzogstandstraße. Sie wird in ihrer Rechtskurve geradeaus verlassen. Nun auf dem Benediktenweg zur Traubinger Straße hinunter, der man schräg rechts folgt. Unmittelbar vor dem Bahngleis wird wieder die Heinrich-Vogl-Straße erreicht. Auf ihr nach Süden dahin und wieder zum Zuweg, auf dem man zum **Bahnhof 01** zurückgeht.

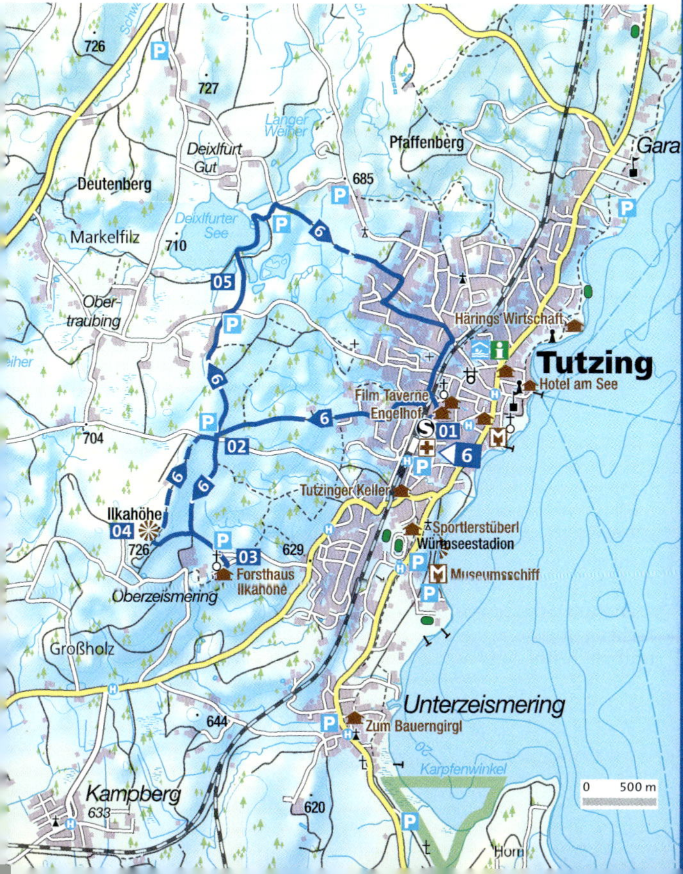

PÄHLER SCHLUCHT

Von Pähl am Burgleitenbach zum Wasserfall

4 km 1:15 h 50 hm 50 hm 180

START | Pähl, 590 m
[GPS: Breite N 47.905669° Länge E 011.176786°]
CHARAKTER | Bei Schneelage oder Vereisung kann die kurze Wanderung zu einem aufregenden Erlebnis werden. Grödel oder Steigeisen sind – vor allem für den hintersten Wegabschnitt – kein Luxus!
EINKEHR | Gasthäuser in Pähl (das Hotel Hirschbergalm ist geschlossen)

Autofahrer, die auf der Olympiastraße in weitem Bogen um den **Hirschberg** herumfahren, haben oft keine Ahnung, dass sich nur gut 100 m neben der Bundesstraße ein Kleinod verbirgt, das seines Gleichen sucht. Dort hat sich der Burgleitenbach eine tiefe Schlucht in den Untergrund gegraben, und bevor er durch die Klamm fließt, stürzt der Bach über überhängende Nagelfluhfelsen herab. Da die Wassermenge nicht so berauschend ist, gibt das im Sommer keine Sensation. Anders im Winter, wenn der Wasserfall zu gewaltigen Eiskaskaden gefroren ist. Am schönsten ist er nach längerem Frost, und in einem kalten Winter wird er geradezu gigantisch.

St. Laurentius

Besondere Beachtung verdient die St.-Laurentius-Pfarrkirche von Pähl. Sie wurde im 15. Jahrhundert erbaut und 1596 nach Baufälligkeit von Josef Schmuzer aus der Wessobrunner Schule neu aufgebaut. Das gewaltige Deckengemälde im wuchtigen Kirchenbau „Laurentius vor Kaiser Valerian“ stammt von J. B. Bader (1772). Augenfällig sind die farbenprächtigen Glasmalereien aus der Zeit der Renovierung von 1889.

▶ Im Ortszentrum von **Pähl** **01** gibt es ein Pfarr- und Gemeindezentrum, eine St.-Laurentius-Kirche, einen Maibaum, das Rathaus, eine Bushaltestelle und einen Parkplatz.
Von dort folgt man der Kirchstraße nach Nordosten hinauf. Unmittelbar vor dem Rathaus und der Schule zweigt scharf nach rechts ein sehr enges Sträßchen ab. Auf ihm steil zur Kremstraße hinab. Dort links abzweigen, über den Bach und der Kremstraße folgend zur Kreuzung hinauf. Nun links auf die Hesseloher Straße einbiegen, von der man nach rechts in die Sternstraße einbiegt. Gleich

nach deren Rechtskurve steigt nach links ein kurzer Straßenstich ab. Ab seinem oberen Ende geht es auf breitem Wanderweg weiter. Anfangs am Waldrand, dann in dichtem Schluchtwald gegen Nordosten in die **Pähler Schlucht** **02** hinein.

An beschilderter Stelle links halten und in mehrmaligem Auf und Ab immer tiefer in die Schlucht hinein, die sich im weiteren Verlauf zusammenschnürt. An einigen Stellen muss man bei Vereisung besonders aufpassen, vornehmlich nach dem Rechtsschwenk an der nördlichsten Stelle des engen Taleinschnitts kann es durchaus heikel werden.

Schließlich wird am Talende eine gewaltige Nagelfluhmauer erreicht, über die der berühmte **Wasserfall** **03** herabstürzt, der im Winter oft zu bizarren Formen gefriert.

Der Rückweg verläuft auf der gleichen Route.

Gefrorener Wasserfall am Ende der Pähler Schlucht

8

RUND UM DEN HAARSEE

Zwischen Hirschberg und Wiesberg

6 km | 1:30 h | 60 hm | 60 hm | 180

START | Hirschberg am Haarsee, 645 m
[GPS: Breite N 47.811920° Länge E 011.223478°]
CHARAKTER | Leichte Wanderung mit einer kurzen, nahezu weglosen Etappe, die etwas Orientierungsgabe verlangt
EINKEHR | Keine Möglichkeit

Das Schloss am Haarsee ist nicht für die Allgemeinheit offen

Südlich des Starnberger Sees gibt es eine Fülle von eiszeitlichen Schmelzwasserseen, die immer mehr verlanden und eines Tages verschwunden sein werden. Zu den berühmtesten gehören die **Osterseen**. Weniger berühmt, aber nicht minder schön sind die Seen bei **Magnetsried**: **Gumpenau**, **Haarsee**, **Mitterlache** und **Rothsee**.

▶ Vom **Parkplatz** 01 auf der Nordostseite des malerischen Haarsees geht man erst einmal zum Badeplatz am Seeufer und dann gegen Südwesten weiter. Schon bald dreht der Weg ein wenig rechts ab und führt am Waldrand gering aufwärts. Anschließend schwenkt er nach links, steigt auf einer schmalen Allee etwas an und biegt im Ort **Hirschberg am Haarsee** 02 bei der ersten Abzweigung links ab. Auf einer Fahrspur geht es nun in den Wald hinein.
Bei der Verzweigung des Holzwegs

links abbiegen und der ansteigenden Route zum Eingang des **Schlossparks** 03 folgen, in der gleichen Richtung weiter und gering abwärts zum Waldrand, wo eine breite Schotterstraße erreicht wird. Auf ihr nach links weiter, durch eine Rechtskurve, über eine Wiese, am Waldrand wieder links halten und etwas bergab, bis 200 m weiter vorne ein Asphaltsträßchen erreicht wird. Auf ihm geht man nach links und in weitem Abstand an der **Mitterlache** vorbei. Auf der rechten Seite liegt in einer weiten Senke der idyllische Rothsee, an dessen Ostseite das gleichnamige Gut liegt. Neben dem Gut steht die alte **Kapelle St. Margaretha** 04.
Vom Rothsee folgt man den Wegweisern nach Arnried, die uns erst gegen Norden, dann nach rechts (gegen Osten) über weites Wiesengelände südlich des Wiesbergs leiten. Nach einem kurzen Waldgürtel stößt man auf eine Querstraße. Auf ihr nach links einbiegen, gegen Osten weiter und bei

der folgenden Kreuzung scharf links abdrehen.
Ein Fahrweg führt gegen Nordwesten zu einem Stall und endet dort. Nun auf einer schmalen Fahrspur nach links, also gegen Westen weiter und nördlich des höchsten Punktes des Wiesbergs in den Wald. Auf einer undeutlichen, stellenweise nicht erkennbaren Wegspur in weitem Rechtsbogen anfangs gegen Nordwesten, später gegen Westen durch den Hochwald weiter, bis man östlich eines lang gezogenen, moorigen Grabens einen schlechten Holztransportweg erreicht. Auf ihm in leichten Kehren gegen Norden dahin und an seiner Verzweigung rechts halten. Es geht gering aufwärts, dann eben durch dichten Wald, bis schließlich eine quer verlaufende Schotterstraße erreicht ist. Man biegt nach links auf sie ein, geht etwas bergauf und erreicht am Waldrand eine Querstraße. Über sie geradewegs hinüber und auf einer undeutlichen Schlepperspur über die weite Wiese weiter, wo man an einem Feuchtbiotop links vorbeigeht. Anschließend steigt die Route ein wenig an, führt zum Wald hinauf und fällt zur Zufahrtsstraße zum Haarsee ab. Auf ihr nach links (gegen Süden) das letzte Stück zum **Ausgangspunkt 01** zurück.

Am Haarsee

KROPFLEITENWEG

Panoramatour unter der Kropfleite

14 km | 3:45 h | 390 hm | 390 hm | 180

START | Bad Bayersoien, 802 m
[GPS: Breite N 47.695576° Länge E 011.000077°]
CHARAKTER | Leichte Wanderung ohne Schwierigkeiten
EINKEHR | Auf der Route gibt es keine Möglichkeit

Brunnen am Kropfleitenweg

Vom **Wanderparkplatz** 01 in der Nähe des Parkhotels auf schmaler Straße nach Norden, bei der Abzweigung nach rechts und am Parkhotel vorbei. Bei einer Sitzgruppe rechts herum und zur Einmündung am nordöstlichen Ortsrand. Bei ihr links abbiegen und bei der nächsten Abzweigung wieder links. Dann am **Friedhof** 02 vorbei und neben dem Langen Filz weiter. Anschließend fällt die kurvige Straße nach **Kirmesau** 03 ab.
Wir queren die Ach, halten uns hinter der Brücke links, gehen zum letzten Hof um zum Waldrand zu gehen. Direkt vor dem Wald links schwenken, gleich darauf auf der Forststraße rechts weiter und in den Wald hinein. In einem lichten Waldstück quert man die Langlaufloipe und geht nach Norden weiter. Schließlich zur Ach hinab

und auf einem schmalen Steg über den Bach. Dahinter wieder ein wenig aufwärts, aus dem Wald hinaus und nach Nordwesten weiter. An beschilderter Stelle knickt der Kropfleitenweg rechts ab, um auf freien Wiesenhängen mit großartigem Blick auf das Estergebirge, die Ammergauer Alpen und das Wettersteingebirge nach Osten weiterzuführen. Er bringt uns an einem Brunnen vorbei und dann am Rande des **Bannholzes** **04** unter der Kropfleite in mehrmaligem Auf und Ab dahin.
Hinter dem Punkt 796 m fällt der Fahrweg etwas ab und verzweigt sich. Wir folgen dem Wegweiser nach rechts in ziemlich dichten Wald hinein und gehen auf grober Schlepperspur zu einer Verzweigung. Bei ihr nach rechts, weiter abwärts und nach kurzem Gegenanstieg mitten im Wald zu einer Verzweigung. Dort rechts abbiegen und auf guter Forststraße zu einem Straßendreieck, bei dem man sich abermals rechts hält und in den Fuchswald hineingeht. Dann biegen wir links ab, und hinter einer längeren Gefällstrecke bringt uns der Kropfleitenweg wieder in mehrmaligem Auf und Ab weiter, bis schließlich nach langer Waldetappe am Waldrand eine wenig befahrene Autostraße erreicht wird.
Dort nach rechts, zur Achbrücke hinunter und hinter ihr in den **Weiler Saliter** **05**. Der folgende Routenabschnitt steigt im Wald und über freie Lichtungen gegen Westen an, bis in Kirmesau wieder der Hinweg erreicht wird. Auf ihm gehen wir zum Ausgangspunkt zurück.

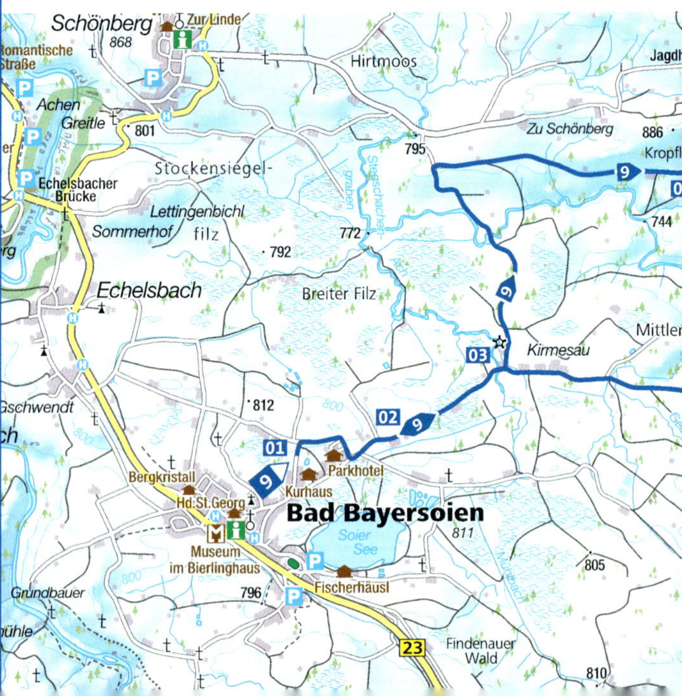

Kurze Ausblicke vom Kropfleitenweg nach Schönberg

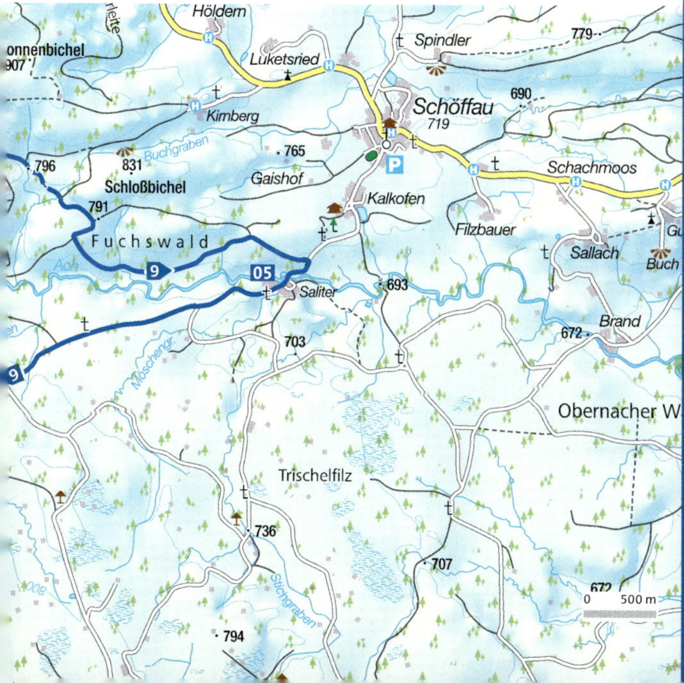

ETTALER MÜHLE – GRASWANG

Sonnenweg an der Ammer

9 km | 2:30 h | 140 hm | 140 hm | 5

START | Ettaler Mühle, 841 m
[GPS: Breite N 47.57021° Länge E 011.075827°]
CHARAKTER | Leichte Wanderung
EINKEHR | Gasthaus Ettaler Mühle am Ausgangspunkt

Vom **Wirtshaus** 01 über einen Seitenarm der Ammer nach Westen, am Schützenheim vorbei und auf einem Wanderweg zur Ammer, die man neben der Loipe auf einer Brücke quert. Dann neben einem Wassergraben im Weidmoos dahin, über eine schmale Fahrstraße und in den **Dickenwald** 02. Unter dem scharf geschnittenen Sonnberggrat dreht die Route links ab und führt am Waldrand zum **Weiler Rahm** 03. An beschilderter Stelle muss man links abbiegen, einen Bach queren und nach **Graswang** 04 hinein. Bei der ersten Verzweigung wieder links herum und zur Bushaltestelle an der Hauptstraße.

Das Langlaufparadies im Graswangtal; hinten der Laber

Nun auf dem Fußweg neben der Linderhofstraße nach Osten, und gleich hinter der Kirche am Ortsrand die Straße nach rechts queren, um einem Sträßchen nach **Dickelschwaig** zu folgen, wo die schöne **Gertrudiskapelle** 05 steht. Der Weiterweg führt vom Hof nach links und quert das **Graswangtal** bis zum Waldrand, wo die Loipe erreicht wird. An ihrem Rand unter der Notkarspitze im Wesentlichen gegen Osten weiter, bis in der Nähe der Autostraße

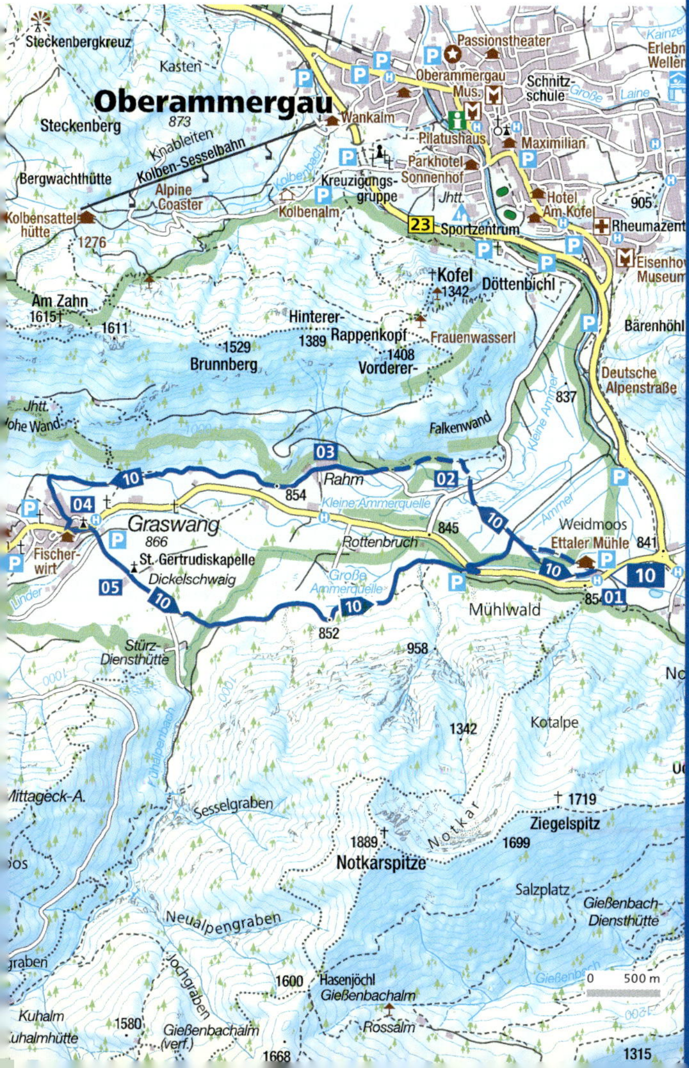

Bei der Wanderung von der Ettaler Mühle durch das Graswangtal präsentiert sich am Horizont die Große Klammspitze

nach links ein kurzer Straßenstich abzweigt. Auf ihm zur Fahrstraße hinaus, über sie hinweg und auf dem Ammerdamm nach Nordosten zur Ammerbrücke, die wir schon vom Hinweg kennen. Dort rechts halten und entweder auf dem Hinweg oder auf dem Uferweg neben der glasklaren **Ammer** bis zur **Ettaler Mühle** 01 zurück.

Die Gertrudiskapelle in der Dickelschwaig

Mönche des Klosters Ettal haben im Jahr 1694 den sechsseitigen Zentralbau mit einer wuchtigen barocken Zwiebelhaube erbaut. An den damaligen Ettaler Abt Romaldus Haimblinger erinnert die Inschrift über dem Eingangsportal (RHAZE).
Die Ausmalung der kleinen Kirche wurde von dem gleichen Künstler Jakob Zeiller ausgeführt, der auch das grandiose Kuppelfresko in der Ettaler Klosterkirche geschaffen hat.
In früheren Zeiten war die Gertrudiskapelle ein beliebtes Ziel von Bittgängen der Ettaler Bürger. Heute wird jedes Jahr am Patronstag des heiligen Hubertus eine Messe für die Mitarbeiter des Forstamtes gelesen.

Gertrudiskapelle in Dickelschwaig

PARTNACHALM

Durch die Partnachklamm

7 km | 2:30 h | 300 hm | 300 hm | 5

START | Skistadion in Garmisch-Partenkirchen, 709 m
[GPS: Breite N 47.482240° Länge E 011.118150°]
CHARAKTER | Leichte Wanderung
EINKEHR | Partnachalm

Wenn Väterchen Frost das Wasser, das vom oberen Rand der Partnachklamm in die tiefe Schlucht heruntertropft zu gigantischen Eiszapfen erstarren lässt, ist die Partnachklamm am schönsten. Sie ist den ganzen Winter über geöffnet und diese Jahreszeit verzaubert die Klamm in eine bizarre Märchenwelt, die man erleben muss.

▶ Vom **Skistadion** 01 in Garmisch-Partenkirchen geht man

auf der Wildenauer Straße nach Süden zum **Klammeingang** 02. Und schon beginnt das Abenteuer. Der aufwändige Klammsteig führt oberhalb des tosenden Laufs der Partnach durch die enge Felsenschlucht und präsentiert gewaltige Blicke in den Abgrund und in Schwindel erregende Höhen. Man wird aus dem Staunen nicht herauskommen, bis man am Südende die Klamm verlässt.
Nun folgt man dem guten, meist geräumten Wanderweg weiter nach Süden und geht bei der Abzweigung zum Graseck geradeaus, bis nach rechts der Wanderweg zur Partnachalm abzweigt. Er bringt uns über die Partnach, steigt in lichtem Wald gering und in ausholenden Kehren nach Nordwesten an, und erreicht direkt bei der **Berggaststätte Partnachalm** 03 ein Sträßchen, das im Winter als Rodelbahn genutzt wird.

Bizarre Eisgebilde in der Partnachklamm

In der Partnachalm kann man einen Schlitten ausleihen und in flotter Fahrt hinunterrodeln. Oder man steigt zu Fuß auf dem streckenweise steilen Fahrweg nach Norden bis zum **Kraftwerk** 04 ab, wo die Partnach wieder erreicht wird. Dort muss man links abbiegen und zum Ausgangspunkt zurückgehen.

Die Partnachalm bietet angenehme Einkehr

DIE OSTERSEEN

In der Eiszerfallslandschaft

9 km · 2:15 h · 20 hm · 20 hm · 180

START | Wanderparkplatz bei der limnologischen Station westlich von Iffeldorf, 592 m
[GPS: Breite N 47.771732° Länge E 011.315093°]
CHARAKTER | Leichte, landschaftlich sehr ansprechende Rundwanderung
EINKEHR | Keine

Wandern an den Osterseen

Die Wanderung beginnt beim **Wanderparkplatz 01** in der Jägergasse. Von ihm folgt man dem Fahrweg nach Nordwesten, geht an der Limnologischen Station und der Geotoptafel vorbei und über freies Gelände zum Waldrand. Der gute Weg führt nicht lange durch den Wald, hält sich ein wenig links, quert einen Bach und führt über Moorgelände zu einem Fahrweg. Auf ihm geht es geradeaus weiter, bis nördlich des Brückensees das Südufer des Großen Ostersees erreicht ist.
Von dort steigt die Route ein wenig an, führt in den Wald hinein und verzweigt sich. Auf dem Rundweg am rechten Wegast weiter, dem Wegweiser nach Lauterbach folgend. Die gute Wegstrecke beschreibt nun ein

Am Nordostufer des großen Ostersees.

paar Kurven, steigt etwas an und verläuft zwischen Toteiskesseln östlich des Weilers Schwaig nach Norden dahin.

Dann geht es wieder abwärts, bis man am Westufer des Großen Ostersees angekommen ist. Der Wanderweg verläuft am malerischen Seeufer in der gleichen Richtung weiter, erreicht das Klinikgelände und knickt links ab. Dabei steigt er ein wenig an.

Von der Anhöhe öffnen sich interessante Blicke über das Seegelände. Man geht links an der privaten **Herz- und Kreislaufklinik Lauterbacher Mühle** 02 vorbei. Hinter dem Parkplatz schwenkt der Osterseerundweg nach rechts auf ein Sträßchen ab, dem man durch Unterlauterbach folgt, um hinter der Klinik in geringem Linksschwenk neben dem Breitenauer See nach Norden weiterzugehen.

Neben einem Rastplatz in der Nähe einer schwachen Linkskurve die Straße verlassen und auf dem Wanderweg zum Nordufer des **Ameissees** 03 weitergehen. Im weiteren Verlauf kommt man zur Eisenbahnstrecke. Neben ihr rechts abknicken, am Bahngleis über einen Bach und nur ein paar Meter steil in den Wald hinauf. Dann dreht die Route etwas nach rechts und weitet sich zu einem Fahrweg, der über freies Feld nach Südosten führt und am Waldrand rechts abbiegt. Vor dem sommerlichen **Badeplatz** 04 muss man links abzweigen und am schönen Wanderweg in lichtem Wald nach Süden an einigen Badeplätzen und am Wasserwachtstützpunkt vorbeigehen.

Bei der nächsten Wegkreuzung nach rechts über eine kleine Brücke, und gleich dahinter führt ein kleiner Steg über das Wasser. Von ihm kann man in die **Blaue Gumpe**

Eiszerfallslandschaft Osterseen

Das Gebiet der Osterseen ist die am besten erhaltene Eiszerfallslandschaft Bayerns. Diese einzigartige Landschaft wurde von großen Toteismassen geformt, die der eiszeitliche Isar-Loisachgletscher und mehrere Generationen von Schmelzwasserflüssen zusammen mit einer gewaltigen Gesteinsfracht dort abgelagert haben. Noch bevor das Alpenvorland nach der Eiszeit eisfrei war, war dieser Bereich vom Entwässerungsnetz abgeschnitten. Deshalb wurden kaum noch Sedimente eingetragen und die Osterseen sind nicht verlandet, so wie die meisten Seen der Nacheiszeit. So konnte sich die ursprüngliche Eiszerfallslandschaft in ihrer Schönheit und Einzigartigkeit bis heute erhalten.

05 blicken. Sie ist typisch für die vielen Quelltrichter, die die **Osterseen** speisen. Die Wände der Blauen Gumpe sind überzogen von weißen Kalkablagerungen, die mit dem stark kalkhaltigen Quellwasser ausgeschieden werden. Da das Wasser eine gleichbleibende Temperatur von 10° C hat, friert der See dort nicht ein. An besonders kalten Wintertagen bildet sich deshalb über der Blauen Gumpe eine Wasserdampfwolke.

Von der Blauen Gumpe geht man am Ufer entlang weiter, quert nochmals einen Bach, bis sich nördlich des Brückensees der Kreis wieder schließt und der Zuweg erreicht wird, dem man zum **Parkplatz** 01 zurück folgt.

13

RIEGSEE

Seerundweg mit Alpenblick

10 km | 2:30 h | 60 hm | 60 hm | 7

START | Campingplatz in Riegsee, 660 m
[GPS: Breite N 47.700231° Länge E 011.230161°]
CHARAKTER | Unschwierige Seerundwanderung mit teilweise etwas verzwickter Routenführung, die nicht immer leicht zu finden ist
EINKEHR | Am Ausgangsort und auf der Route gibt es ein paar Wirtshäuser

Vom Nordufer des Riegsees zeigen sich weite Bereiche des Wettersteingebirges und das Ettaler Mandl.

Nach Guglhör

Sollte jemand mit dieser Wanderung nicht ausgelastet sein, kann er vom Südzipfel des Riegsees noch einen ausgedehnten Ausflug zum beliebten Ausflugswirtshaus Guglhör unternehmen, das sich allerdings wesentlich einfacher mit dem Auto erreichen lässt.

Der Riegsee ist eine Ausnahmeerscheinung. Als einer der wenigen Seen in unserem Alpenvorland ist sein Ufer nahezu rundum frei zugänglich. Trotzdem ist er von Wanderern – vor allem in der kalten Jahreszeit – nicht besonders überlaufen, ja fast still geblieben. Dabei kann man bei sicherem Eis sogar Schlittschuh laufen oder auf den sanften Hügeln am See ein bisserl rodeln.
Dieses landschaftliche Juwel liegt inmitten einer prächtigen, bäu-

erlich geprägten Voralpenlandschaft, die zu allen Jahreszeiten ihre besonderen Reize hat. Bei reiner Luft sieht es so aus, als würde gleich hinter dem Südufer des **Riegsees** die mächtige Alpenkette aufsteigen, die sich zwischen Ammergauer Alpen, Wetterstein- und Estergebirge hinzieht und die mit Schnee bedeckten Berge in strahlender Wintersonne leuchten lässt. Da der Tourismus immer wichtiger wird und jedes Marketingkind einen Namen braucht, wird der Voralpenbereich rund um den Staffelsee seit ein paar Jahren „Blaues Land" genannt. Die vorherrschenden Farben dieser Landschaft sind in der Tat weiß und blau, wie sich das angesichts unserer Landesfarben auch gehört. Die Künstlervereinigung **„Blaue Reiter"**, dessen Mitbegründer Franz Marc eine Zeit lang in Sindelsdorf lebte, hat wohl auch bei der Namensgebung Pate gestanden.

Genau genommen ist es egal, wo man die Wanderung beginnt, denn bei einer Rundtour kommt man mit Sicherheit zum Ausgangspunkt zurück, wo auch immer dieser liegen mag. Für Autofahrer allerdings eignet sich das Dorf **Riegsee** am östlichen Seeufer für den Start gut, weil man dort beim Campingplatz am einfachsten einen Parkplatz erwischt.

▶ Vom **Parkplatz** 01 wandert man auf einem Sträßchen gegen Nordwesten durch den Campingplatz und hinter einer Rechtskurve am Waldrand weiter. Der Fahrweg schnürt sich zu einem guten Wanderweg zusammen, führt am Seeufer entlang und endet beim sommerlichen **Badeplatz** 02. Von dort kann man nach rechts zur Autostraße hinausgehen. Wer das nicht will, steigt mit etwas Abstand zum sensiblen Uferstreifen weglos über freie Flächen nach Norden weiter und schwenkt am nördlichen Seeufer links ab.
Zwischen dem malerischen Nordufer, das großartige Ausblicke über den See auf die winterliche Bergwelt gewährt und der Autostraße geht es gegen Westen bis zu einem breiten Weg weiter, der später die **Staatsstraße 2038** 03 unterquert und in einem Linksschwenk bis kurz vor diese Straße

Wegweiser des Riegsee-Rundwegs

führt. Dort rechts nach Hofheim abbiegen. Im Ort zweigt nach links ein Sträßchen ab, das unter der Staatsstraße durch und auf freies Feld führt. Auf ihm geht man nach Südosten dahin, bis es bei einem Stadel endet. An der Absperrschranke vorbei und rechts haltend über dem Steilufer gegen Süden weiter. Wenn der Schnee hoch liegt, kann man die Weidezäune gut überwinden, ansonsten braucht es dazu ein paar Verrenkungen, bis man auf einem **Camping- und Spielplatz** 04 ankommt.
Von dort ist die Wegführung wieder beschildert. Sie weist aus dem Freizeitgelände heraus, dreht rechts ab und erreicht einen asphaltierten Fahrweg. Auf ihm nach links haltend in das verträumte, idyllische **Bauerndorf Egling** 05. In der Ortschaft beschreibt die Route einen Linksknick und stößt auf einem Fahrweg zum Poschinger-Schloss am nördlichen Ende von **Neuegling** 06. Bei der Straßenverzweigung hält man sich links, um in weitem Rechtsbogen durch Neuegling und nach Froschhausen zu gehen. Neben der **Leonhardkirche** 07 kommt man zur etwas stärker befahrenen Riegseer Straße. Doch gibt es neben ihr einen sicheren Fuß- und Radweg, dem man zwischen Riegsee und Froschhauser See etwa 10 Minuten lang nach Osten folgt.
Bei der folgenden Straßengabelung verlässt man die Autostraße nach links und geht auf dem gut beschilderten Steig weiter, der wieder zum See hinaus und im Siedlungsbereich zwischen Hausgärten nach Riegsee zurückführt. Die Dorfstraße bringt den Wanderer gegen Nordwesten durch den Ort und zum Campingplatz zurück.

GUGLHÖR-RUNDWEG

An der Loisach

10 km | 2:45 h | 120 hm | 120 hm | 6

START | Loisachbrücke bei Murnau-Hagen, 619 m
[GPS: Breite N 47.667360° Länge E 011.229164°]
CHARAKTER | Leicht
EINKEHR | Gasthaus Guglhör (im Januar meist geschlossen) und Gasthaus Heimgarten in Hagen

Zusammenfluss von Ramsach und Loisach am Guglhör-Rundweg bei Murnau-Mühlhagen

Diese beschauliche Rundwanderung ist etwas für Genießer, die sich keinen Stress mit aufregenden Routenabschnitten antun wollen. Sie lässt sich in zwei grundverschiedene Abschnitte einteilen. Erst einmal spaziert man lange am Rande des ausgedehnten **Hagner Mooses** durch eine naturnahe Auenlandschaft, und nach gemächlichem Waldanstieg geht es auf sehr einfacher Route mit schönem Alpenblick wieder zum Ausgangspunkt zurück.

Von der **Mühlhagener Loisachbrücke** 01 führt die Route erst einmal neben der Autostraße über **Loisach** und **Ramsach** und bei der Bushaltestelle rechts abbiegend nach Mühlhagen hinein. Schon bei der ersten Abzweigung rechts

weiter, an der alten Mühle vorbei und neben der Ramsach nach Osten aus dem Ort hinaus. Der beschauliche Spazierweg ist auch bei hoher Schneelage meistens eingetreten und gut zu begehen. Er verläuft neben dem Bach bis zum Zusammenfluss von **Ramsach** und **Loisach** und führt, jeder Flusswindung folgend, neben dem **Hagner Moos** **02** im Wesentlichen in der gleichen Richtung eben dahin.
Schließlich schwenkt er ein wenig nach Nordosten und quert auf einem Steg den Moosbach, um anschließend auf einem Hohlweg im Wald auf den Hellerberg anzusteigen. Im weiteren Verlauf weitet sich der schmale Pfad zu einer Schlepperspur, die in Kehren durch den Wald ansteigt, bis sie auf eine Querstraße stößt. Dort rechts halten, ein wenig abwärts und zu einer breiteren Forststraße, die in der Nähe einer Stromleitung erreicht wird. Auf sie links einbiegen, gegen Westen aus dem Wald heraus und bis fast zur **Wirtschaft Guglhör** **03**. Auf dem Fahrweg in der gleichen Richtung weiter, beim Wegkreuz und der Verzweigung auf 729 m Höhe geradeaus und in die Bauernsiedlung **Perlach** **04** hinab. Von dort wieder auf freiem Feld dahin bis **Hagen** **05**.
In Hagen links zum Kirchplatz abbiegen, an der Kirche vorbei und hinter dem Wirtshaus Heimgarten nach rechts auf die Mühlhagener Straße. Diese führt zum Hinweg hinab, dem man bis zum **Ausgangspunkt** **01** folgt.

In Perlach am Guglhör-Rundweg

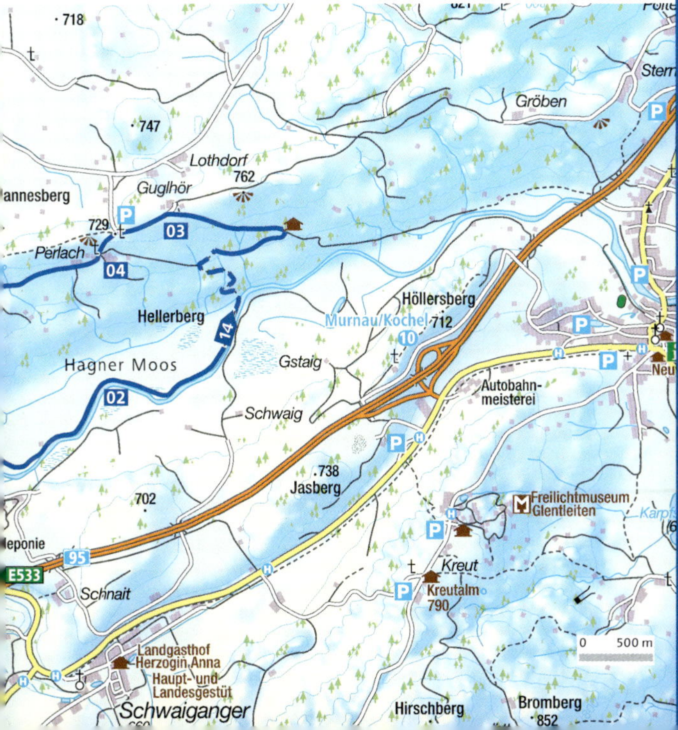

15

EICHSEE

Im Kochelseemoor

7 km | 1:30 h | 30 hm | 30 hm | 7

START | Loisachbrücke an der Staatsstraße 2062, am östlichen Ortsrand von Schlehdorf, 604 m
[GPS: Breite N 47.658134° Länge E 011.325467°]
CHARAKTER | Leicht
EINKEHR | Keine Möglichkeit

Bei der Wanderung von Schlehdorf zum Eichsee schaut man über die Loisach zurück zum Heimgarten

Seit der letzten Eiszeit verlandet der **Kochelsee**. In den Verlandungsbereichen bildeten sich ausgedehnte Moorflächen, ein ideales Gelände für selten gewordene Wiesenbrüter. Die weiten Moore zieren ein paar kleine Seeaugen, die den Vögeln während des Brutgeschäfts ausreichend Nahrung bieten.

Zu den größeren Weihern im **Kochelseemoor** gehört der Eichsee, der als Ziel einer kurzen, aber nicht minder schönen winterlichen Moorwanderung wie geschaffen ist.

Wenn an kalten Wintertagen die schwachen Strahlen der Wintersonne zaghaft durch die wallenden Nebel spähen, wandelt sich der Reif auf den Birken im **Kochelseemoor** zu brillant strahlenden Kristallen. Sie glitzern im Licht der tief stehenden Sonne vor dem großartigen Panorama der Bilderbuchberge Herzogstand und **Heimgarten**, die sich gleich hinter dem **Kochelsee** erheben. Solche malerischen Tage sind dort gar nicht so selten und haben auch die **„Blauen Reiter“** inspiriert. Die wichtigsten Kunstwerke des Gründers dieser Künstlervereinigung, des Kochler Bürgers Franz Marc sind im gleichnamigen Museum im nahen Kochel zu besichtigen.

▶ Vom Parkplatz neben der **Loisachbrücke** **01** kann man neben

der Loisach die Staatsstraße unterqueren oder man traut sich zu Fuß über die Straße. Sogleich trifft man auf einen asphaltierten Fahrweg, der als **„Loisachrundweg"** in Richtung Unterau, Eichsee und **Großweil** beschildert ist und neben dem Loisachdamm bretteleben gegen Norden dahinführt. Nach rund 2 km Gehstrecke überspannt auf der linken Seite eine **Brücke** **02** die Loisach nach Unterau. Gleich dahinter gabelt sich der asphaltierte Fahrweg.

Dem Wegweiser zum Eichsee folgend biegt man dort rechts (gegen Nordosten) ab, kommt an einigen Heustadeln vorbei und in weitem Linksbogen wieder nach Norden weiter.

Nach ein paar sanften Kurven stößt die Route zu einem quer verlaufenden Fahrweg. Dort muss man rechts einbiegen, um schon nach rund 100 m direkt neben einem Stadel links abzudrehen. Am Rande eines Feldes nach Norden weiter und direkt zum Südufer des malerisch gelegenen **Eichsees** **03**.

Am Ufer hält man sich rechts und geht gegen Norden weiter, ehe man mit dem Ufer links schwenkt. In der Mitte der nördlichen Begrenzung des Sees steht eine private Holzhütte, von der ein Steg in den See hineinführt. In dieser exponierten Lage schafft es auch die schwächelnde Wintersonne, ein paar wärmende Strahlen herabzuschicken.

Wer also die Zeit nicht mit einem sportlichen Eislauf auf dem See nutzen will und sich lieber ein wenig ausruht, findet dort den schönsten Platz dazu. Und will man die Seele richtig baumeln lassen, bietet die passende Unterstützung dazu ein majestätischer Blick über den Eichsee auf das urbayrische Gipfelduo Herzogstand und **Heimgarten**.

Vom Nordufer geht es anschließend auf einem Sträßchen gegen Norden weiter, bis der Querweg erreicht ist, der neben dem Triftkanal nach Südwesten dahinführt. Wer es gerne sonnig mag, geht links des Kanals weiter, denn der Fahrweg auf der nördlichen Seite des schmalen Wasserlaufs führt dank des dichten Bewuchses eher ein Schattendasein.

Kurz vor der Kläranlage von Großweil wird eine quer verlaufende Straße erreicht. Auf ihr geht es nach lins (gegen Süden) weiter, bis sich der Fahrweg nach rund 250 m verzweigt. Dort rechts haltend nach Süden weiter, und schließlich wird der **Loisachdamm** wieder erreicht. Auf ihm bummelt man das letzte Stück des Spaziergangs zum **Ausgangspunkt** **01** zurück.

Attraktionen in der Nähe

Interessante Attraktionen sind in der Nähe dieser netten Wanderung nicht selten.

Neben der Klosterkirche St. Tertulin in Schlehdorf gibt es gleich in der Nähe das Freilichtmuseum Glentleiten des Bezirks Oberbayern (im Winter geschlossen).

In Kochel locken neben dem Bauerncafé Giggerer das Freizeitbad Trimini, das Franz-Marc-Museum und das Walchensee-Schaukraftwerk.

JOCHBERG • 1565 m

16

Wintergipfel

9 km 3:45 h 780 hm 780 hm 182

START | Kochel, 850 m
[GPS: Breite N 47.620509° Länge E 011.367684°]
CHARAKTER | Grundsätzlich einfache Winter-Bergtour; bei hoher Schneelage nicht empfehlenswert

Die tief stehende Wintersonne lugt gerade noch über den Jochberg hervor

Vom **Kochelsee** gibt sich der Jochberg recht unfreundlich. Mit seinen steilen Felsenreissen und schroffen Hängen schneidet er eine wilde Grimasse, die eigentlich nicht zu diesem gemütlichen Bergziel passt. Sein harmloses Gesicht zeigt dieser Berg auf der Westseite. Die Wanderung ist also recht leicht, nicht zu lang und zu allen Jahreszeiten stets beliebt. Vielen ist sie sogar zu kurz, und deshalb bleibt auch noch genügend Zeit für einen Abstecher nach Sachenbach hinunter, das direkt am sagenumwobenen und eisig kalten **Walchensee** liegt. Von **Sachenbach** nach **Urfeld** zurück und zum Ausgangspunkt wieder hinauf kann man auf einer breiten Promenade bummeln und vielleicht auch zwischendurch auf ein Haferl Kaffee in Urfeld einkehren. Allerdings hat diese Variante

Ein strahlender Wintertag auf dem Jochberg, dem der Walchensee zu Füßen liegt

durch den Bau steiler und grober Forstwege, so genannter Rückewege, deutlich an Attraktivität verloren. Die Abstiegsalternative über die südseitigen Waldhänge bleibt also unerschrockenen Wanderern vorbehalten, die auf keinen Fall entlang der Aufstiegsroute absteigen wollen und deshalb etwas unbequeme Routenabschnitte in Kauf nehmen.

Vom Südufer des Walchensees ist die Schau auf den Jochberg am schönsten

Übrigens: Der geplante Wasserspeicher für ein Pumpspeicherkraftwerk scheint vom Tisch zu sein.

▶ Direkt an der **Kesselbergstraße 01** beginnt der gut markierte und beschilderte Wanderweg. Er steigt gegen Osten an und führt unter dem Desselkopf in den Wald hinein. Die dichten Buchen und Fichten gewähren nur wenig freie Blicke zum Herzogstand hinüber und zum stillen Kochelsee hinab. Mitten im dunklen Wald, auf der Höhe von 1340 m, gabelt sich der **Weg 02**. Wir biegen links ab und folgen der guten Spur gegen Nordosten, die bei rund 1400 m Höhe aus dem Wald herauskommt. Bald darauf stoßen wir zu einem **Weidegatter 03**, gehen durch dieses hindurch und ein wenig links auf den freien Gipfelrücken hinauf. Zuletzt wird es dann noch etwas steiler, aber nicht wild,

bis wir beim Kreuz auf dem **Jochberg** **04** ankommen.
Am Jochberg ist es ausnahmsweise schöner, wieder auf dem Aufstiegsweg abzusteigen, als die Variante über die südseitigen Waldhänge zum Walchensee hinab zu wählen.
Wer es nicht glauben will, geht zum **Weidegatter** **03** zurück, biegt dort scharf links ab und quert den Hang zur **Jocheralm** **05** hinab. Dort bringt uns ein Fahrweg gegen Südwesten in den Wald hinein. Bald schon verlassen wir die schmale **Straße nach rechts** **06** in Richtung Sachenbach. Bei der nächsten Wegverzweigung halten wir uns schon wieder rechts und steigen auf einem Waldweg und auf steilen, groben Harvester-Schneisen ab, bis der Weg nach **Sachenbach** **07** links abzweigt. Dort geradeaus weiter, dem Wegweiser nach Urfeld folgen und zum **Walchenseeufer** **08** in Kehren hinab. Von dort folgen wir der asphaltierten Straße am Seeufer nach rechts bis **Urfeld** **09**. Das letzte Stück müssen wir auf einem Weglein und direkt neben der stark befahrenen Kesselbergstraße im Abgasdunst zum **Ausgangspunkt** **01** hinauf.

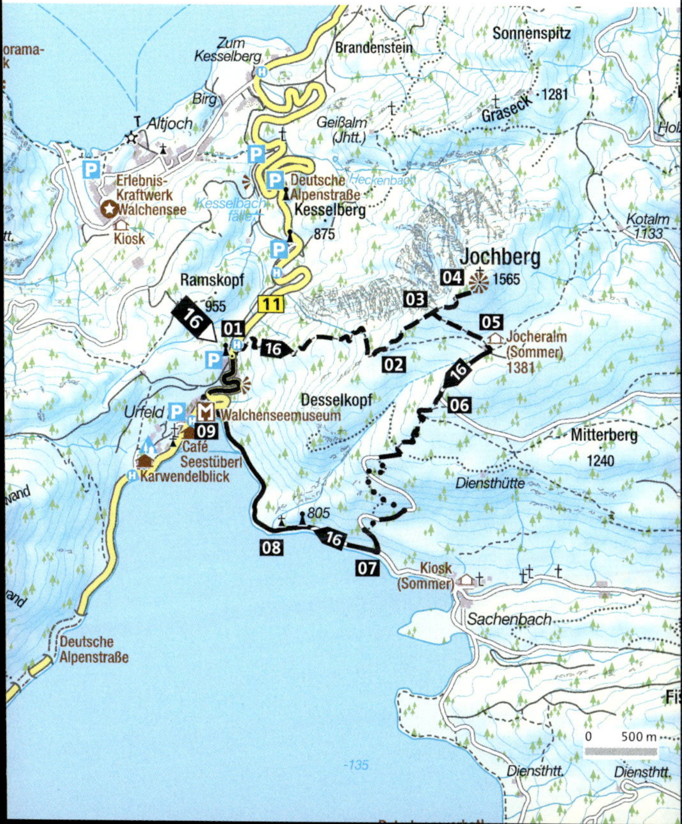

AM BARMSEE

Seenwanderung am Fuße des Karwendelgebirges

10 km | 3:00 h | 90 hm | 90 hm | 6

START | Barmsee-Hotel, 900 m
[GPS: Breite N 47.495901° Länge E 011.253591°]
CHARAKTER | Leichte Seerundwanderung
EINKEHR | Alpengasthaus Barmsee im Krüner Ortsteil Barmsee, 892 m

Die sehr beliebte Rundwanderung lässt sich von 5,2 auf rund 10 km erweitern und ideal mit Schlittschuhpirouetten auf dem gefrorenen See verbinden, denn für diesen Sport eignet sich der See sehr gut, wenn nicht zu viel Schnee auf ihm liegt. Eisstockschützen und Eishockeyspieler haben auch noch viel Platz auf der Eisfläche.

Hinter dem Barmsee steigt das markante Karwendelgebirge an

Zum Wagenbrüchsee (Geroldsee)

Wer viel Zeit hat, einwandfreies Orientierungsvermögen und eine gute Karte besitzt, kann die Wanderung auf doppelte Entfernung ausdehnen, wenn er bei der Badeanstalt am Grubsee geradeaus in den Etzwald hineingeht. Durch ihn gegen Südwesten dahin, wobei mehrmals kleine Waldlichtungen erreicht werden. Nördlich des 1000 m hohen Geißschädels ein wenig rechts halten, nach Westen weiter und auf Fahrwegen bis kurz vor die B 2 hinaus. Nach einer Gefällstrecke scharf rechts abknicken und gegen Nordwesten auf einem schmalen, ansteigenden Forststräßchen und über freies Feld zum Südufer des Wagenbrüchsees **03**. Nun nach Westen bis zur Straße bei Gerold **04**. Rechts abdrehen, an der Kapelle vorbei kurz durch Gerold und gleich wieder rechts, um am Nordufer des Wagenbrüchsees **05** nach Osten weiterzugehen. Hinter dem Seeufer steigt der Weg etwas an und führt auf der Scheitelstrecke in lichten Wald hinein. Der Wald verdichtet sich im weiteren Verlauf und kurz hinter dem Punkt 902 m geht es grimmig steil abwärts (Vorsicht bei Vereisung!), bis man auf eine hoffentlich gefrorene feuchte Auwiese kommt, über die das Westufer des Barmsees erreicht wird. Von dort lässt sich der Barmsee-Rundweg fortsetzen oder man geht am Westufer gegen Süden zum Ausgangspunkt zurück.

Auf diesem Exkurs zum Wagenbrüchsee wird man in der Nähe von Langlaufloipen wandern. Bitte die Ski- und Skatingspuren keinesfalls betreten!

▶ Der fast immer eingetretene und mustergültig beschilderte Barmsee-Rundweg führt vom **Alpengasthaus Barmsee** **01** erst einmal nach Südwesten in den Wald hinein und über einen Bach. Dahinter geht es ein wenig aufwärts und in der Nähe des Sportplatzes nach links zu einem breiten Spazierweg, der nach rechts zur Badeanstalt Grubsee führt. Kurz vor dem Badegelände muss man rechts abzweigen, gegen Nordwesten einen Wassergraben queren und bis zu einer Wegkreuzung hinauf. Bei ihr geht es geradeaus weiter und zum höchsten Punkt der netten Rundwanderung, der auf etwa 940 m Höhe liegt. Von dort oben zeigt sich erstmals die große, blitzende Eis- oder Wasserfläche des Barmsees. In zwei weiten Kehren fällt der Wanderweg zum See ab und führt in der Nähe des südlichen Ufers durch schütteren Wald nach Westen weiter.

Schließlich dreht er rechts (gegen Nordwesten) ab und bringt den Wanderer direkt ans Ufer. In dieser Richtung geht es in angenehmer Wintersonne ein längeres Stück weiter, wobei immer wieder schöne Aussichtsplätze erreicht werden, bis schließlich eine Fahrspur erreicht ist. Auf dieser nach rechts einschwenken, im Wald am See entlang, später ein bisserl nach links vom Ufer entfernen und wieder etwas bergauf. Am Rande des Bannwalds, beim nördlichsten Zipfel des Rundwegs, zweigt vom

Der Wagenbrüchsee wird auch Geroldsee genannt; dahinter das Karwendelgebirge

Sträßchen nach rechts eine Trittspur zum See ab. Dort also rechts schwenken und durch einen kurzen Waldgürtel auf die malerischen Wiesen am Nordufer des Barmsees. Dort sind die besten Ausblicke auf der ganzen Wanderung und dort ist auch der schönste **Rastplatz** 02, denn die Sonne kommt voll von Süden her. Wenn gerade kein kalter Wind weht, kann es auch im Hochwinter an dieser Stelle recht angenehm mild sein.

Nach beschaulicher Pause wandert man nach Osten weiter und erreicht das Sträßchen zwischen Bannwald und dem östlichen Schilfbereich des Barmsees. Bei der folgenden Abzweigung dreht der Rundweg rechts ab und verläuft im Wald eben nach Süden weiter, bis der Waldrand erreicht wird. An ihm bis zur Wegverzweigung weiter, wo man sich rechts hält, den Kranzbach quert und unmittelbar hinter ihm rechts abzweigt. Auf schönem Wanderweg geht es zu einer schmalen Asphaltstraße, die neben der Bundesstraße zum **Alpengasthaus Barmsee** 01 zurückführt.

Wenn der Boden fest gefroren ist und genügend Schnee liegt, kann man auch zwischen dem Waldrand und dem Schilfbereich neben der Loipe zur Straße hinausgehen. Das ist etwas kürzer und landschaftlich schöner.

Kapelle in Gerold

GEORGENSTEIN UND RÖMERSCHANZE

Auf den Spuren der Römer

8 km | 2:30 h | 120 hm | 120 hm | 180

START | Grünwald, Derbolfinger Platz, Endhaltestelle der Straßenbahn Linie 25, 585 m
[GPS: Breite N 48.041847° Länge E 011.523606°]
CHARAKTER | Nette Rundwanderung am Isarufer, die stellenweise etwas Orientierungsgabe verlangt, dafür aber interessante Attraktionen bietet; bei vereisten Wegen sollte man mit Spikes gegen unangenehme Ausrutscher vorsorgen
EINKEHR | Schlosshotel, Alter Wirt, Café Hölzl und Café Fischer in Grünwald

Diese Wanderung ist beim Abstieg ins Isar-Flussbett unter der Grünwalder Brücke etwas unbequem, doch dann geht es ziemlich gemütlich neben der **Isar** bis zum markanten Georgenstein. Der anschließende Aufstieg zur Römerschanze verlangt etwas Geschick für die richtige Routenfindung, und der Rückweg nach Grünwald fällt – mit stellenweisem Alpenblick – wieder sehr beschaulich aus.

▶ Von der Endhaltestelle der klassischen 25er Trambahnlinie in **Grünwald** 01 folgt man der Schlossstraße nach Westen bis zur **Grünwalder Burg** 02, auf der nach dem berühmten Lied von Karl Valentin einst edle Ritter hausten. Von dort auf der Zeilerstraße nach links weiter und in Höhe der Kirche nach rechts auf den neu ausgebauten Flößersteig abzweigen. Dieser Treppenweg führt zur Autostraße hinunter.

Panorama der Grünwalder Burg

Bevor die **Grünwalder Brücke** 03 erreicht wird, muss man rechts abzweigen und fast bis zur **Isar** absteigen. Noch vor dem Fluss abzweigen und nach links unter der Straßenbrücke dem Isaruferweg nach Süden folgen. Im Auwald geht es auf schmalem Fußweg weiter, an Kiesbänken vorbei und nach der Stromleitung und dem Pumpwerk zum Beginn des Isarkanals. Im Wald sieht man immer mehr Nagelfluhsturzblöcke, die vom Isarhang herabgekullert sind. Von diesen Felsen hat es einer bis in die Isar geschafft. Seit Menschengedenken wird er **Georgenstein** 04 genannt. Zu Zeiten, als die Flößerei auf der Isar nicht nur der Gaudi, sondern dem Holz-

und Warenverkehr diente, war der Georgenstein ein gefährliches Hindernis in der **Isar**.
Wer es sich zutraut, kann bei niedrigem Wasserstand über einen Damm aus Felsen und Treibholz zum **Georgenstein** hinüberbalancieren und in sportlicher Kletterei zur Figur des Heiligen Georgs mit dem Drachen auf dem Felsen hinaufkraxeln.
Nach diesem Exkurs folgt man der Römerstraße neben der Isar nach Süden, dreht links ab und wandert durch eine malerische Flussau zu einem Altwasserarm. Hinter einem Holzlagerplatz zweigt die Route links ab und führt auf einen Holzziehweg, später auf engem Pfad steil zum Aussichtsplatz nahe der Grünwalder Römerschanze hinauf. Von dort folgt man dem Wanderweg gegen Nordosten zur **Römerschanze** **05**. Der Spazierweg verläuft zwischen den Wällen der Schanze um eine Nase herum und am Isarhochufer entlang. Hinter der Stromleitung muss man den Hangabbruch nach rechts verlassen, eine Mulde queren und links abzweigen. Es geht

Vom Hochufer bei Buchenhain überblickt man das Isartal mit dem Georgenstein

anschließend im Wald weiter und dann auf die Eierwiese. Am beliebten **Rodelhang** **06** vorbei und in den Siedlungsbereich von Grünwald hinein. Auf der Straße mit dem Namen „Auf der Eierwiese" geht es bis zum **Marktplatz** **07**, am Kriegerdenkmal vorbei und beim Alten Wirt in die Rathausstraße. Bald darauf nach rechts auf den Luitpoldweg einschwenken und auf ihm zum Derbolfinger Platz zurück, wo mit etwas Glück schon die Straßenbahn für die Heimfahrt wartet.

Die Römerschanze

Die Römerschanze, eine Siedlung aus spätrömischer Zeit war später eine mittelalterliche Befestigungsanlage, die hauptsächlich aus einem Außenwall mit Graben und einem mittleren Doppelgraben mit einem Wall besteht. An der Stelle der römischen Anlagen ist am Ende des frühen Mittelalters eine Holzburg errichtet worden. Die Römer haben um 400 n. Chr. Südbayern verlassen. Ab dieser Zeit könnten von der Schanze der Verkehr auf der vorbeiführenden und später als Handelsweg benützten Römerstraße und der Flussübergang überwacht worden sein.
Erstmals wurden in den Jahren 1893/94 Ausgrabungen durchgeführt. Dabei sind spätrömische Steinsockel, Lehmfachwerkhäuser und eine alte Schmiede aus dem 3. Jahrhundert entdeckt worden. Erst im Jahr 1979 wurde eine Münze mit einem Bild des römischen Kaisers Magnentius (350 – 353 n. Chr.) gefunden.

IM PERLACHER FORST

Vom Giesinger Waldhaus über den Perlacher Mugl zur Kugler Alm

14 km 3:15 h 50 hm 50 hm 180

START | Giesinger Waldhaus in München-Giesing, 553 m
[GPS: Breite N 48.089477° Länge E 011.574725°]
CHARAKTER | Leichter, aber langer Waldspaziergang
EINKEHR | Kugler Alm

Als Naherholungsgebiet hat sich der Perlacher Forst seit vielen Jahrzehnten bei stressgeplagten Stadtbewohnern einen guten Namen gemacht. Er gibt direkt vor der Haustür der großen Stadt ein prima Gelände für viele Arten von Erholung, wie Wandern, Spazierengehen, Radlfahren, Rollerbladen, Langlaufen und weiteren alternativen Freizeitbeschäftigungen ab. Vom Giesinger Waldhaus zur Kugler Alm gibt es einen Weg, der schnurgerade und asphaltiert durch den Wald verläuft und direkt zu den Schmalznudeln und der Radlermaß bei der Kugler Alm führt. Diesen Weg kann man vermeiden, wenn man in etlichen Schlenkern zum Perlacher Mugl, einem netten Aussichtsbuckel ausweicht und dann eine spannende Pfadfinderwanderung durch teilweise dichten Wald absolviert. Aber Vorsicht, leicht zu finden ist diese Route nicht!
An schönen Sommer-Wochenenden geht es auf der Kugler Alm zu, wie auf einem Ameisenhaufen. Jeder will seine Radlermaß und seine Schmalznudel haben, und das Anstehen kann bisweilen in Stress ausarten. Im Winter verläuft das alles deutlich ruhiger.

▶ Vom Forstdiensthaus **Giesinger Waldhaus** 01 geht man am Brunnen vorbei und schnurgerade auf der Asphaltstraße nach Süden in den Wald hinein. Nach 1,1 km Wegstrecke zweigt auf der linken Seite das sogenannte **Winkelweg-Geräumt** 02 ab, das im weiteren Verlauf seinem Namen alle Ehre macht. Schon bei der nächsten Straßenverzweigung geht's nach rechts aufs Perlach-Geräumt und dann gleich wieder links. Bei einem schönen Rastplatz muss man wieder rechts auf einen Spazierweg abzweigen und dann weiter rechts haltend steil zum **Perlacher Mugl** 03 hinaufgehen.
Dieser Aussichts- und Rodelhügel ist mit Autobahnaushub aufgeschüttet worden, und auf ihm steht ein Pavillon, von dem an klaren Tagen die Alpenkette zu sehen ist. Wieder vom Perlacher Mugl heruntergekommen folgt man einem bequemen Waldweg nach Südwesten und hält sich bei der nächsten Verzweigung links. Anschließend geht es ein langes Stück nach Südosten auf dem Isar-Geräumt weiter, und das Wörnbrunner-Geräumt wird gequert, bis schließlich halb rechts eine breite Forststraße erreicht ist. So-

Langläufer im Perlacher Forst zwischen Giesinger Waldhaus und Kugler Alm

fort darauf geht es wieder halb rechts auf das Harthauser-Geräumt und auf dem Diensthütten-Geräumt dahin.
Etwa 120 m hinter dieser Abzweigung muss man nach links auf einen Waldweg einbiegen, der lange nach Süden durch den Wald und über Lichtungen dahinführt, bis ein verwirrendes System von Straßen- und Wegkreuzungen erreicht ist. Aus diesem Irrgarten geht man in der gleichen Richtung hinaus und lässt den Waldweg etwas rechts liegen. Anschließend auf einer schmalen Forststraße dahin, die sich zu einem Rückeweg zusammenschnürt, bis man endlich zu einem Zaun in der Nähe eines Wasserwerks kommt. Dort nach rechts am Zaun entlanggehen und zum Bahngleis hinüber. Neben der Bahnstrecke geht es nach links weiter und auf einem Trampelpfad etwas verwinkelt nach Süden dahin, an ein paar Wohnhäusern vorbei und auf einem Fuß- und Radweg nach rechts, unter der Bahnstrecke endlich zur **Kugler Alm** 04.

Die Radlermaß

Es ist eine schöne Geschichte, doch wahr ist sie nicht. Eines schönen Sommertags des Jahres 1922 soll der Wirt der Kugler Alm, Franz Xaver Kugler, mit dem Bier etwas knapp dran gewesen sein. Um alle Gäste zufriedenstellen zu können, hat er kurzerhand das Bier mit klarer Limonade verlängert. Da dieses „Mischgetränk" den Radlfahrern besonders geschmeckt hat und auch der berauschende Alkohol deutlich geringer konzentriert war, hat es den Namen „Radlermaß" bekommen.
Diese Legende hält sich hartnäckig und für das Geschäft auf der Kugler Alm ist sie ja auch nicht schlecht erfunden.
Tatsächlich war die Radlermaß schon im Jahr 1900 bekannt. Lena Christ erwähnte in ihrem Buch „Erinnerungen einer Überflüssigen" bereits im Jahr 1912 den Ausschank von Radlermaßen. Ihre Geschichte geht auf das Jahr 1900 zurück, deshalb muss die Radlermaß bereits um diese Zeit bekannt gewesen sein.
Nach augenblicklichem Stand der Wissenschaft ist anzunehmen, dass die Radlermaß am Ende des 19. Jahrhunderts in einem der vielen Radlerklubs kreiert worden ist. Wahrscheinlich wird sich der wahre Erfinder trotz intensiver Forschungsarbeit nicht mehr ermitteln lassen.
Hauptsache ist, dass die Radlermaß schmeckt, auch wenn es dem durchgefrorenen Winterwanderer eher nach Glühwein oder Grog zumute sein sollte.

Der Rückweg ist deutlich einfacher. Er führt schnurgerade, nur von zwei Ecken beim Kiosk unterbrochen, durch eine **Bahnunterführung** 05 und auf asphaltierter Straße nach Norden zum Giesinger Waldhaus. Wer sich das oben beschriebene Labyrinth nicht antun will, geht gleich auf dem vorgeschlagenen Rückweg zur Kugler Alm.

VON BUCHENHAIN ZUM KLOSTER SCHÄFTLARN

Vom Klettergarten zum Kloster Schäftlarn

17 km | 4:30 h | 200 hm | 200 hm | 180

START | Buchenhain, S-Bahnstation, 608 m
[GPS: Breite N 48.031471° Länge E 011.497366°]
CHARAKTER | Für diese Wanderung an der Isar und am Isar-Hochufer braucht man solides Schuhwerk, denn die Wege sind nicht immer in bestem Zustand, vor allem wenn Schnee liegt
EINKEHR | Hotel Buchenhain in Baierbrunn, Klosterstüberl Schäftlarn

Die Wanderung beginnt beim S-Bahnhaltepunkt **Buchenhain** **01**, von dem man nach Norden zur Unterführung und dann nach rechts unter den Bahngleisen durchgeht. Gleich nach dem Tun-

Klettergarten Buchenhain

Die wechselvolle Erdgeschichte hat am Isarufer eine eindrucksvolle steinerne Naturschönheit hinterlassen. Im Klettergarten Buchenhain zeigt sich besonders markant der bayerische Nagelfluh. In den Eiszeiten der letzten 800.000 Jahre von den Schmelzwässern des Isargletschers mitgebrachte, abgerundete Schottergesteine sind dort in mehreren Lagen wie in Beton fest miteinander verbacken. Die rund 100 Meter lange und bis zu 15 Meter hohe Felswand zeigt mit den so genannten geologischen Orgeln eine bewegte Klimageschichte, in der die Durchschnittstemperaturen mehrmals um 10 Grad sanken, bis sie sich langsam wieder auf unser heutiges Niveau erwärmten. Unser Klima mit Frost, Hitze, Nässe und Trockenheit, vor allem aber der unter dem Nagelfluh liegende „Flinz“, haben der Felswand über Jahrtausende so zugesetzt, dass sich immer wieder Gesteinsblöcke lösen und ins Isartal gleiten. Auf diese Weise werden Entstehung und Vergehen von harten Gesteinen durch die Erosion anschaulich.
Der Klettergarten Buchenhain war jahrzehntelang für Kletterer, allen voran die berühmten Erstbegeher wie Hans Dülfer (Totenkirchl Westwand), Franz und Toni Schmidt (Matterhorn-Nordwand), Anderl Heckmair (Eiger-Nordwand), Hans Ertl (Ortler-Nordwand) und auch Herman Buhl (Nanga Parbat), ein Trainingsgelände ersten Ranges.

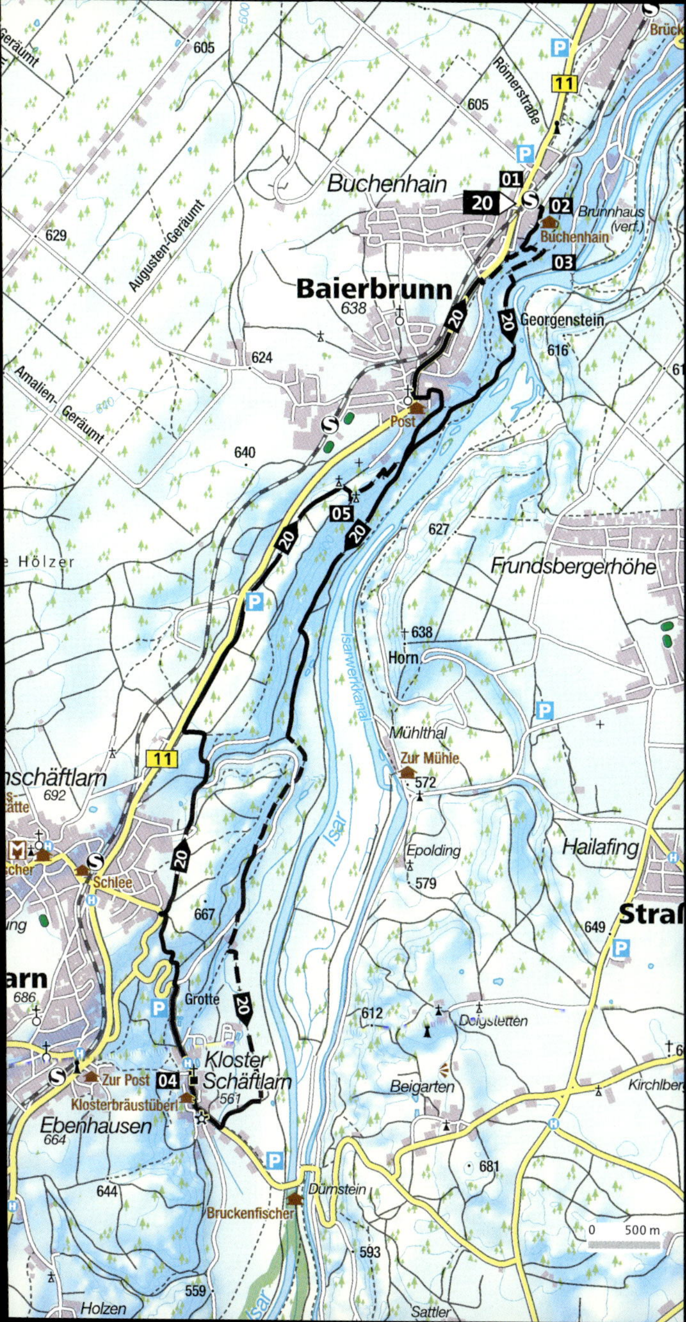
Buchenhain
Baierbrunn
638
Römerstraße
605
11
20
01
02
03
04
05
Brunnhaus (verf.)
Buchenhain
Georgenstein
616
Augusten-Geräumt
Amalien-Geräumt
629
624
640
Post
627
Frundsbergerhöhe
Hölzer
638
Horn
Isarwerkkanal
Mühlthal
Zur Mühle
572
Epolding
579
Hailafing
Isar
649
Schlee
667
Grotte
686
Kloster Schäftlarn
561
Zur Post
Klosterbräustüberl
Ebenhausen
664
612
Beigarten
Kirchlber
681
644
Dürnstein
Bruckenfischer
593
559
Holzen
Sattler
0 500 m

nel rechts halten, auf dem Weg ein kurzes Stück weiter und in Höhe des Bahnsteigs den Asphaltweg nach links zum **Hotel Buchenhain** **02** verlassen. Wer mit der Einkehr noch warten kann, geht hinter dem stattlichen Gasthaus rechts herum und zur Wegverzweigung. Bei ihr links halten, zum Isarhang hinüber, auf einem Treppensteig den Hang hinab und bei den Schildern rechts zum **Klettergarten** **03** weiter.

Selbst im tiefsten Winter üben dort versierte Kletterer – wie seit Jahrzehnten – im gegliederten Nagelfluhfels. Ein schmaler Weg führt vom Klettergarten am Waldhang zum Fahrweg im Talgrund hinab. Man folgt ihm nach rechts und geht nach Süden neben der Isar zum Georgenstein.

Früher, als auf Flößen Holz, Baumaterial und andere wichtige Güter transportiert worden sind, war der Felsen eine große Gefahr. Heute wird er von den vielen Gaudiflößen mit lautstarkem, musikalischem Krawall umschifft. Diese Lärmquellen sind nur zwischen April und September unterwegs und deshalb wird der Winterwanderer davon verschont. Das gilt auch für die LKW, die das Holz in halsbrecherischer Fahrt wieder nach Wolfratshausen zurücktransportieren. Auch beim Rückweg, der kurzzeitig in der Nähe der B 11 verläuft, ist es deshalb im Winter etwas ruhiger.

Unser Weg führt an ein paar Kiesbänken entlang, die man während der Brutzeit seltener Vögel ab dem Frühjahr nicht betreten darf. Später gabelt sich die Route. Dort links weiter bis der Weg rechts abdreht und vom Fahrweg nach links ein Fußweg abzweigt. Auf ihm links halten, etwas abwärts auf einen tief eingeschnittenen Bachgraben zugehen, den Bachlauf auf einem Steg queren und am steilen Hang entlang. Der Pfad führt rechts herum und weiter, bis wieder ein Sträßchen erreicht wird. Es steigt nach rechts an.

Vereister Weg an der Isar zwischen Baierbrunn und Schäftlarn

Später zweigt die Route links ab und fällt zum Wohnhaus und zum Pumpwerk ab.
Gleich hinter den Gebäuden noch einmal links, den Bach queren und zum Isardamm. Auf ihm rechts etwas monoton weiter, bis nach rechts eine Schlepperspur über freies Feld zu den Gärten des Klosters Schäftlarn führt. Bei hoher Schneelage ist sie kaum auszumachen. Neben der Straße in den Ort **Unterschäftlarn (Kloster Schäftlarn) 04** hinein.
Der Besuch der Klosterkirche (und natürlich auch des Klosterstüberls) lohnt sich. Dann geht man neben der Straße (auf der linken Seite Lourdesgrotte) nach Norden im Wald hinauf.
Die erste Straßenkehre kann man auf einem Weg schräg links abkürzen, und in der Kehre quert man vorsichtig die Straße, um dem Wegweiser nach Hohenschäftlarn gegen Norden hinauf zu folgen. Er führt neben einer tief eingeschnittenen Flutmulde den Hang hinauf.
Am Rand von Hohenschäftlarn erreicht der Weg ein Sträßchen. Auf ihm nach rechts in den Wald hinein und wieder links abbiegen zur Hinweistafel auf die Birg hinab. Diese vermutlich vorchristliche Wallanlage ragt als Steilufernase 70 m über der **Isar** ins Tal.
Hinter der Tafel die zweite Straße nach rechts wählen, auf ihr weiter und bei der Abzweigung nach links zur Hangkante hinauf. Anschließend nach Norden weiter, bis auf der linken Seite ein Fahrweg abzweigt. Er führt zur Bundesstraße 11 hinaus. Neben ihr auf dem breiten Fuß- und Radweg nach Norden, bis der asphaltierte Weg rechts schwenkt. Er verläuft anfangs am Waldrand eben dahin, dann durch eine eiszeitliche Flutmulde und führt in dichten Wald hinein.
Wer nicht auf dem asphaltierten Fuß- und Radweg neben der Bundesstraße gehen möchte, kann auch hinter der Birg auf einen vom Isartalverein betreuten Wanderweg rechts abzweigen und nach Norden weitergehen.
Anschließend steigt die Route zu einem Wegkreuz an. Bei ihm

Kloster Schäftlarn

Bischof Joseph von Freising weihte am 1. November 762 in Skeftilari (heute Schäftlarn) die erste Kirche, die dem heiligen Dionysius gewidmet war. Der aus dem fränkischem Landadel stammende Priester namens Waltrich wählte diese Kirche zum Mittelpunkt einer Ordensgemeinschaft, die sich an den Regeln des heiligen Benedikts orientierte. Daraus ist später ein Kloster geworden. 200 Jahre später erlosch das klösterliche Leben, bis 1140 dort eine Prämonstratenserabtei errichtet wurde. Im Laufe der Zeit entstanden gleich mehrere Kirchen.
Wegen Baufälligkeit eines gotischen Kirchenbauwerks wurde die heutige Barockkirche gebaut, die 1760 eingeweiht worden ist. Bauherren des sehenswerten Gotteshauses waren Francois Cuvilliés d. Ä., Johann Baptist Gunetzrhainer und Johann Michael Fischer. Für Stuckatur und Fresken war der gebürtige Wessobrunner Johann Baptist Zimmermann verantwortlich.

rechts abbiegen und auf einer Fahrspur zu einem **Marterl** 05 hinauf, das an einen königlichen Forstwart erinnert, der dort am 3. Juni 1854 durch ruchlose Hand in Ausübung seiner Berufspflicht ums Leben gekommen ist.
Beim Marterl links haltend dem aussichtsreichen Isarhochufer Richtung Baierbrunn folgen und im weiteren Verlauf steil abwärts, bis die Pfadspur scharf rechts abdreht. Erstaunlicherweise kommt man dort auf eine kleine Klettersteiganlage. Auf einer kurzen Leiter kraxelt man steil eine Felsflanke hinab, bis wieder ein Weg erreicht ist, der zu einem Fahrweg abfällt. Von dort auf dem Hinweg zum Ausgangspunkt in Buchenhain zurück.
Als Alternative könnte man auf einem breiten Weg zur Baierbrunner Konradshöhe aufsteigen und neben dem Geudergraben an den Gebäuden Wort & Bild-Verlags vorbei zum Gasthaus Post in Baierbrunn gehen. Von ihm geht es neben der Bundesstraße zum Ausgangspunkt zurück.

Der Klettergarten Buchenhain

Kloster Schäftlarn

AM DEININGER WEIHER

Am Gleißentalweiher

13 km | 2:45 h | 70 hm | 70 hm | 180

START | Ludwigshöhe in Kleindingharting oder Gasthaus Deininger Weiher im Gleißental, 690 m
[GPS: Breite N 47.967464° Länge E 011.524838°]
CHARAKTER | Bei geringer Schneehöhe sehr einfache Wanderung, die aber zwischen Ludwigshöhe und Deininger Weiher relativ steil und streckenweise weglos ist
EINKEHR | Waldhaus Deininger Weiher

Der Deininger Weiher, der aus dem Wochenendprogramm vieler erholungsuchender Münchner Stadtbewohner nicht wegzudenken ist, hat nette Attraktionen zu bieten. Zunächst einmal gehört dazu bei reiner Luft eine brillante Aussicht auf die Alpenkette, die von der Ludwigshöhe am schönsten ist, dann ein Wirtshaus, wo man angenehm einkehren kann und das auch eine Sonnenterrasse direkt am Seeufer bietet. Da wir im Winter kommen, ist ans Baden nicht zu denken, denn der See friert zu „normalen" Winterszeiten schnell zu und bietet ideales Terrain für alle Arten von Eissport, auch wenn das Landratsamt diese Erholungsform – aus welchen Gründen auch immer – verbietet.
Wer mit Eissport nichts am Hut hat kann gemütlich um den See herumwandern und vielleicht auch noch ein bisserl hintenherum den Deininger Filz besuchen, wie das hier vorgeschlagen ist.
Wenn der Schnee hoch liegt, sollte man nicht bei der schönen und aussichtsreichen Kapelle auf der Ludwigshöhe starten, sondern erst weiter unten im Gleißental, direkt beim Wirtshaus am Deininger Weiher.

▶ Zu ihm kommt man von der **Ludwigshöhe** 01 auf einem Weglein einer Allee entlang, wenn man gegen Osten ein wenig absteigt. Nach einer Baumreihe geht es über eine Wiese bzw. eine weite Schneefläche in den Wald hinein. Anfangs wird man dort vielleicht noch eine Wegspur finden, muss sich dann aber ohne erkennbaren Pfad – vor allem bei Schneelage – nach Osten hinunter die Route selber suchen. Dabei geht es über ein paar Querwege und schließlich direkt beim Deininger Weiher ins Gleißental. Dort hält man sich links und kommt schon sehr bald zum **Wirtshaus** 02. Wie gesagt, auch dort kann man die Wanderung beginnen.
Am Auslauf des Weihers gibt es einen Steg über den Bach. Gleich dahinter dreht der Weg nach Süden ab und führt am Ostufer entlang. Im weiteren Verlauf kommt man auf dem Uferweg zu einem Sträßchen, das im Sommer bei Radfahrern sehr beliebt ist. Auf ihm geht es nach Süden weiter und bei allen

Am Deininger Weiher

Abzweigungen geradeaus dahin, bis man durch Wald, dann wieder auf freien Wiesen am Rande des Deininger Filzes dorthin kommt, wo sich zuerst der Maibaum, dann das Dorf Dettenhausen zeigen.
Noch weit vor diesem Bauerndorf zweigt der Rundweg **scharf rechts ab** 03 und folgt einer Straße in Richtung Deining, also nach Nordwesten. Sie führt unter einer Stromleitung durch und schon werden die ersten Häuser von **Deining** 04 erreicht. Am Ortsrand zweigt die Route rechts ab und führt auf einer sehr deutlichen, später aber kaum mehr erkennbaren Fahrspur nach Nordosten weiter. Bei der ersten Abzweigung geht es links weiter, bei der zweiten nach rechts. Abermals kommt man unter der Stromleitung durch, und die Straße schnürt sich zu einem Pfad zusammen, der in dichten Wald hineinführt und auf einem Steg einen Bach quert, bevor er in eine Lichtung stößt. Durch diese Lichtung zum Waldrand hinüber und zur Route, die man vorher in der anderen Richtung gewandert ist.
Der Rundweg bringt den Wanderer ein längeres Stück nach Nordosten weiter und zweigt beim folgenden Wegedreieck links ab. Er führt gegen Nordwesten quer durch das Moor, in dem ein **Brücklein** 05 einen Wasserlauf überspannt und erreicht ein Sträßchen. Dort schwenkt er rechts ab. Rund 200 m geht es auf dem Fahrweg weiter.
Wer zur Wirtschaft zurück will, bleibt auf ihm und kommt direkt zum Parkplatz hinaus.
Will man zur Ludwigshöhe zurück, muss man sehr genau aufpassen, denn der Waldweg, der nach links abbiegt ist weder markiert noch beschildert und schnell zu übersehen. Auf ihm plagt man sich ziemlich steil im Waldhang nach Westen hinauf, an der Scheitelstrecke nach rechts durch dichtes Unterholz und schließlich in die freien Wiesen der Ludwigshöhe. Man folgt dem Waldrand nach Norden, bis von rechts eine breite Wegspur heraufkommt, die links abbiegend zur **Kapelle auf der Ludwigshöhe** 01 zurückführt.

Eisläufer auf dem Deininger Weiher

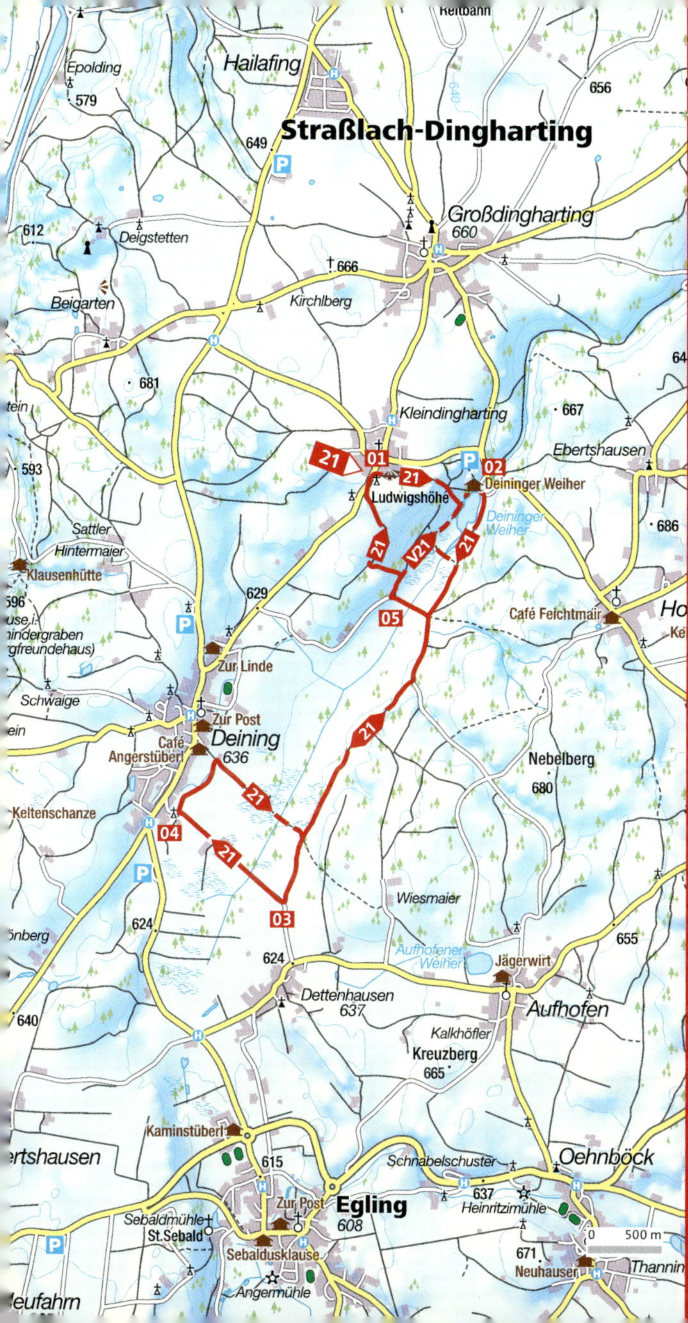
Reitbahn
Epolding
579
Hailafing
656
Straßlach-Dingharting
649
Großdingharting
660
612
Deigstetten
666
Beigarten
Kirchlberg
681
Kleindingharting
667
Ebertshausen
593
21
01
02
21
Deininger Weiher
Ludwigshöhe
Deininger Weiher
686
Sattler
Hintermaier
21
V21
21
Klausenhütte
629
05
Café Feichtmair
Zur Linde
Schwaige
Zur Post
Deining
636
Café Angerstüberl
21
Nebelberg
680
21
Keltenschanze
04
21
Wiesmaier
03
624
655
624
Aufhofener Weiher
Jägerwirt
Dettenhausen
637
Aufhofen
640
Kalkhöfler
Kreuzberg
665
Kaminstüberl
615
Schnabelschuster
Oehnböck
Egling
608
637
Heinritzimühle
Zur Post
Sebaldmühle
St.Sebald
0
500 m
671
Sebaldusklause
Neuhausen
Angermühle

EISWEIHER (ICKINGER STAUSEE)

Vom Bruckenfischer zum Ickinger Wehr

10 km | 2:30 h | 20 hm | 20 hm | 180

START | Kloster Schäftlarn, 552 m
[GPS: Breite N 47.973858° Länge E 011.47368°]
CHARAKTER | Leichte Wanderung ohne Schwierigkeiten
EINKEHR | Gasthaus Bruckenfischer am Ausgangspunkt, Gasthaus Aumühle

Autofahrer können in Dürnstein auf dem **Parkplatz** des Naherholungsvereins den Wagen **01** abstellen und neben der Autostraße zum **Gasthaus Bruckenfischer** **02** gehen.
Von dort geht's durch den Biergarten neben dem Isardamm weit nach Süden. Bei der Wegverzweigung kurz vor der **Aumühler Kanalbrücke** **03** halten wir uns nun links, steigen zum Isardamm hinauf und gehen rechts des Isarkanals weiter.
Erst nach einem längeren Wegstück wird man hinter dem Buschwerk auf der rechten Seite den großen **Eisweiher** **04** erblicken. In einer lichten Stelle des Gebüschs zweigt rechts ein Weglein ab, das durchs Unterholz auf der Dammkrone weiter führt. Schließlich dreht der Pfad links ab und führt vor dem **Ickinger Wehr** **05** an den Kanal heran.
Wir halten uns auf der Wehranlage links, gehen zur Straße hinüber und auf ihr gegen Nordosten bis **Aumühle** **06**. Hinter der Wirtschaft zweigt die Route links ab und führt zur **Kanalbrücke** **03** hinauf, auf der wir über den Isarkanal queren. Anschließend geht es rechts herum und auf der Dammkrone oder auf dem Hinweg nach **Dürnstein** **02** und ggf. zum **Parkplatz** **01** zurück.

Aumühle

Die Wirtschaft und die Fischzucht Aumühle sind bekannt für ihre hervorragenden Fische (vornehmlich Forellen), die es auch zum Mitnehmen gibt.

Der Eisweiher (Ickinger Stausee)

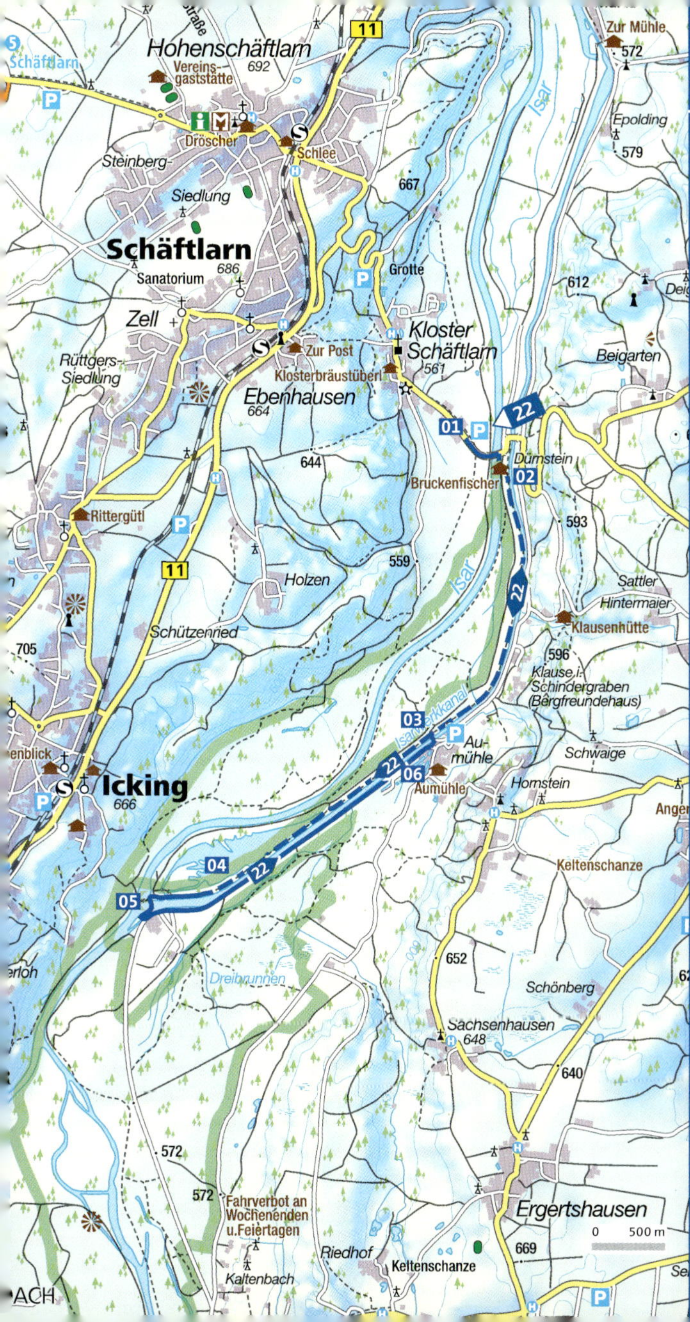
Schäftlarn
Hohenschäftlarn
692
Vereins-
gaststätte
Dröscher
Schlee
Steinberg
Siedlung
667
Schäftlarn
686
Sanatorium
Grotte
Zell
Kloster
Schäftlarn
561
Zur Post
Klosterbräustüberl
Rüttgers-
Siedlung
Ebenhausen
664
612
Beigarten
Epolding
579
Zur Mühle
572
Isar
22
01
02
Dürnstein
Bruckenfischer
644
593
Rittergütl
11
559
Holzen
Sattler
Hintermaier
Klausenhütte
Schützenried
705
596
Klause i.
Schindergraben
(Bergfreundehaus)
Isarwerkkanal
03
Au-
mühle
06
Aumühle
Schwaige
Hornstein
Icking
666
Angen
Keltenschanze
04
05
652
Dreibrunnen
Schönberg
Sachsenhausen
648
640
572
Fahrverbot an
Wochenenden
u. Feiertagen
Ergertshausen
0
500 m
669
Riedhof
Keltenschanze
Kaltenbach

ISARSPITZ

Im Isartal

6 km | 1:30 h | 140 hm | 140 hm | 180

START | Kloster Schäftlarn, 561 m
[GPS: Breite N 47.977176° Länge E 011.466461°]
CHARAKTER | Grundsätzlich einfache Wanderung, doch kann etwas Orientierungsgabe nicht schaden
EINKEHR | Klosterbräustüberl in Schäftlarn

An der Isar beim Bruckenfischer

Vom Parkplatz beim **Klosterbräustüberl** 01 nach Südosten, bis kurz vor der Isarbrücke nach links ein Weg zum Bildstöckl des heiligen Nepomuk abzweigt. Auf ihm am Isardamm nach Süden bis zum Waldrand beim **Wasserbehälter** 02. Wer kurz zur Isar hinuntergehen will, kann von dort auf einem Weglein zum **Ufer** 03 gehen und auf gleichem Weg wieder zurück.
Vom Wasserbehälter nur ein paar Meter nach Westen, dann nach links auf ein Sträßchen einbiegen und auf ihm anfangs im Wald bis zur Lichtung. Das ist der **Isarspitz** 04.
Vom Westende des Isarspitz zweigt nach rechts ein Fahrweg ab, steigt im Wald etwas an, schwenkt nach rechts und endet. Vom Fahrwegende ein bisserl nach links und die zweite, mit roten Punkten markierte Route in dichtem Wald ziemlich steil nach Norden zu einer Schlepperspur hinauf. Dort nach rechts weiter, bei der nächsten Verzweigung nach links und auf einem Holztransportweg zur Scheitelstrecke eines **Waldrückens** 05 hinauf. Bei der folgenden Verzweigung rechts herum, am Ende der Fahrspur links abdrehen und ein paar Meter durch lichten Wald zur Forststraße hinab, der wir nach rechts bis zur Verzweigung folgen. Bei ihr rechts weiter und bei der nächsten Gabelung links.

Schließlich erreicht man eine freie Fläche und geht über sie nach Norden bis zum Sägewerk und zur Klostergärtnerei von Hohenschäftlarn. Besonders schön ist es dort, wenn am zweiten Adventwochenende der kleine, aber feine Christkindlmarkt stattfindet. Die letzten Meter gehen wir nach Nordwesten auf dem Fußweg neben der Klosterstraße zum **Ausgangspunkt 01**.

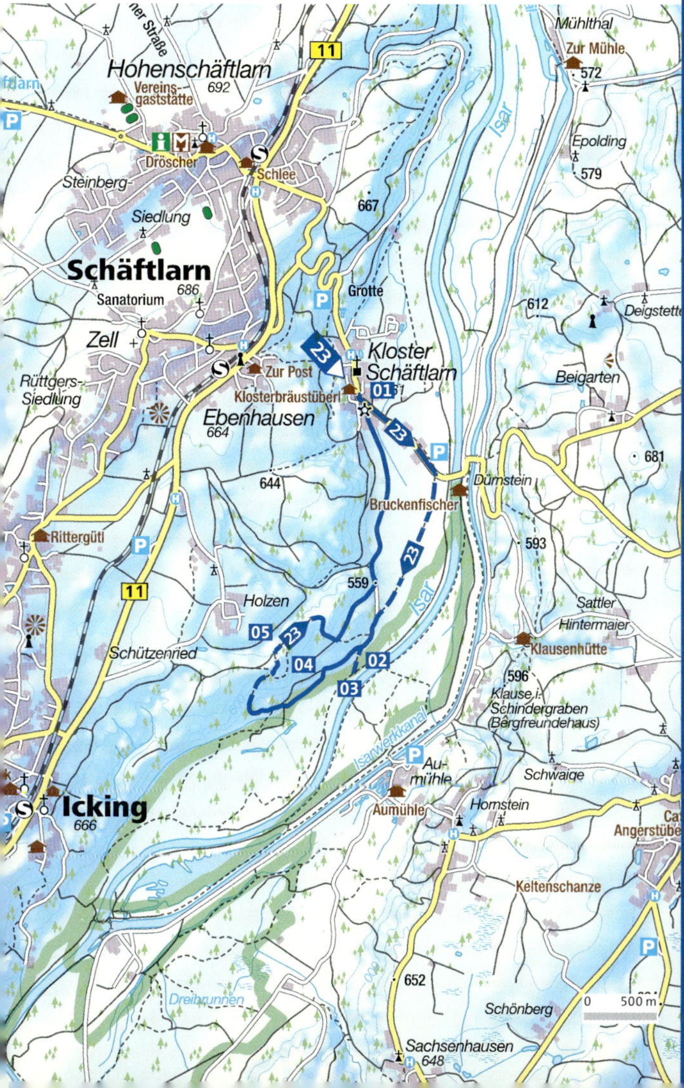

VON SAUERLACH NACH DEISENHOFEN

Zur St.-Anna-Kapelle in Staucharting

13 km | 3:45 h | 50 hm | 50 hm | 180

START | Bahnhof Sauerlach, 615 m
[GPS: Breite N 47.973459° Länge E 011.654901°]
CHARAKTER | Ziemliche flache und sehr einfache, aber lange Waldwanderung zwischen zwei S-Bahnstationen
EINKEHR | Gasthäuser in Sauerlach und Deisenhofen

Die Winterwanderung, die überwiegend im Wald verläuft, quert insgesamt 3 Rodungsinseln, nämlich die von Sauerlach, von Kreuzpullach und von Deisenhofen. Sie verbindet in idealerweise zwei

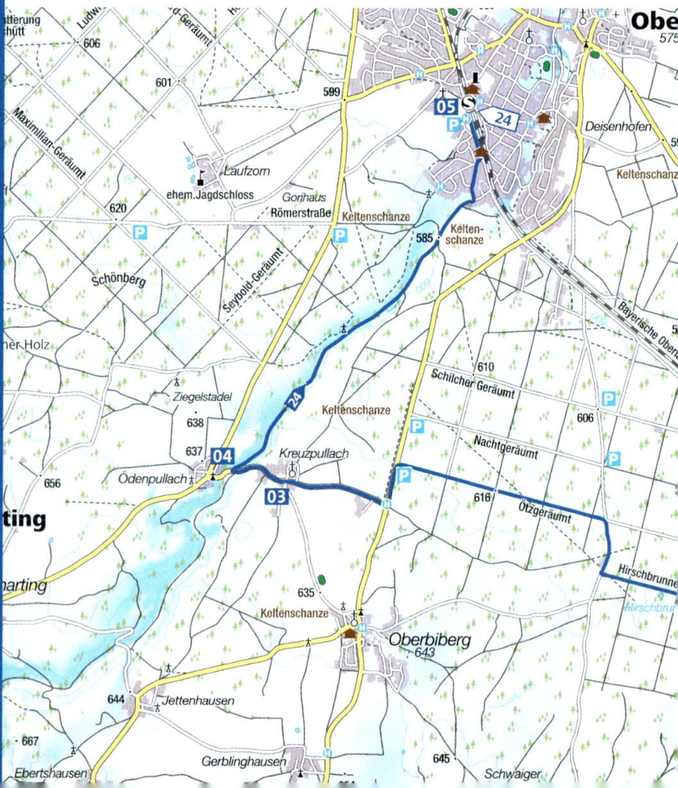

S-Bahnstationen. Man braucht also kein Auto für diesen langen Waldspaziergang. Wer trotzdem mit dem PKW anreist, kann von Deisenhofen nach Sauerlach mit der S-Bahn zurückfahren und spart sich einen langen Rückweg auf einem monotonen Sträßchen neben den Bahngleisen.

▶ Vom S-Bahn- bzw. Oberlandbahnhof in **Sauerlach** 01 geht es erst einmal über den Bahnhofsvorplatz und bei der Fußgängerampel über die Bundesstraße 13. Anschließend am Rathaus vorbei und in die Bahnhofstraße hinein. Am Ende der Bahnhofstraße zweigt der Weg nach rechts in

St.-Anna-Kapelle von Staucharting zwischen Sauerlach und Kreuzpullach

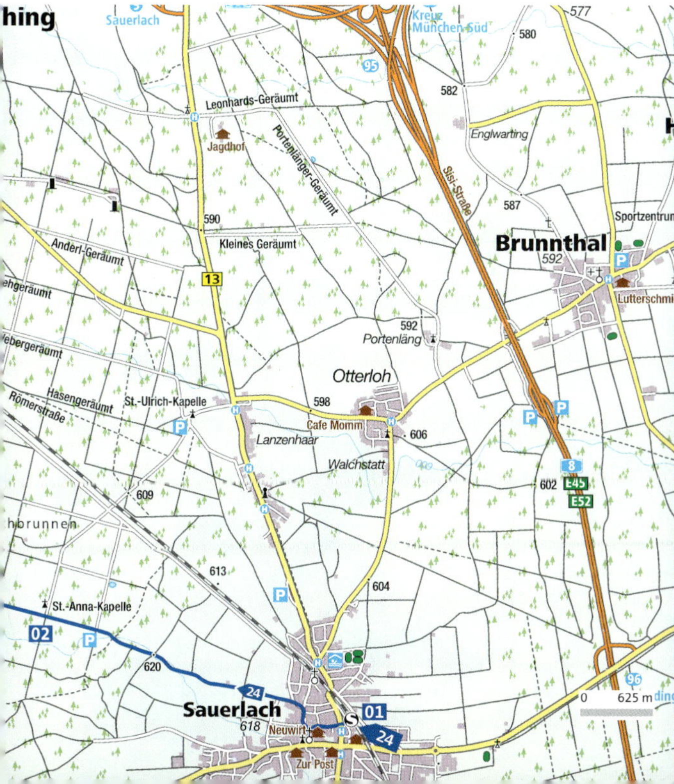

Die St.-Anna-Kapelle in Staucharting

Schon im Jahr 1692 ist die Kapelle in der Nähe von Staucharting entstanden. 9 Jahre später ist sie erweitert worden und am 26. Juli 1701, dem Namenstag von Mutter Anna, zelebrierte H.H. Vikar Berger die erste Heilige Messe in der Kapelle. Die Wallfahrt begann 10 Jahre später.
Im Jahr 1856 wurde die Schwaige Staucharting mit 170 Tagwerk Grund vom Staat gekauft und damit ging auch die St.-Anna-Kapelle in Staatseigentum über. Da sie keinen landwirtschaftlichen Nutzen brachte, war beabsichtigt, die Kapelle abzureißen. Dagegen haben sich das Bischöfliche Ordinariat und die örtliche Bevölkerung massiv zur Wehr gesetzt, und sie konnten erreichen, dass die Kapelle erhalten blieb und der Kirchenstiftung Sauerlach überlassen wurde.
Zwischenzeitlich hat es zwei Mal mächtigen Ärger gegeben. Im Jahr 1955 hat ein heftiger Schneesturm Turm und Dach zerstört und 1970 haben ruchlose Einbrecher alle Votivbilder aus der Kapelle gestohlen, die deshalb heute abgesperrt bleiben muss.

die Kirchenstraße ein, auf der er am Dorfweiher entlangführt und nach insgesamt 700 m Gehstrecke nach links zur Deisenhofener Straße abdreht.
Am Ortsrand von Sauerlach steht ein Wegkreuz. Bei ihm schräg links weiter, am Spielplatz vorbei und über freies Feld dem Stauchartinger Weg zum Waldrand folgen. Dort beginnt das Hirschbrunner-Geräumt, auf dem es gegen Westen am Wanderparkplatz und der Absperrschranke vorbei und beim Pavillon nach rechts in eine Lichtung geht, wo die **St.-Anna-Kapelle** **02** steht.
Nach der Pause an diesem idyllischen Waldplatz geht man zum Hirschbrunner-Geräumt zurück und folgt ihm nach rechts zum Wasserbehälter neben der Altkirchner Straße. Dort zweigt die Route rechts ab, führt bis zur nächsten Straßenverzweigung gegen Norden weiter und dann wieder nach links, also gegen Westen auf das Oetz-Geräumt. Sie stößt zur Staatsstraße 2368, an deren Rand ein Fuß- und Radweg nach Süden führt, bis man bei der Bushaltestelle rechts abbiegt und gegen Westen, der wenig befahrenen Nebenstraße folgend, nach **Kreuzpullach** **03** weitergeht. Gleich am Ortseingang steht die herrliche Wallfahrtskirche Heilig Kreuz mit dem großartigen Benefiziatenhaus. Nun durch den Ort, dann wieder in den Wald hinein, an der Georgskapelle vorbei und ins **Gleißental** **04** hinunter. Gleich hinter dem Talgraben die Straße nach rechts verlassen und auf dem Talweg nach Nordosten weiter. Die Route führt am Wasserbehälter vorbei und zu den ersten Häusern von Deisenhofen. Dort die Straße nach links zu einem Fußweg verlassen, der zwischen Hausgärten zur Waldstraße führt. Auf ihr nach Norden weiter, rechts auf die Jägerstraße einbiegen und vor dem Bahnübergang nach links, bis der **Bahnhof** **05** und damit das Ende der Wanderung erreicht sind.

THANNINGER WEIHER

Von Egling zum Thanninger Weiher

8 km | 3:00 h | 60 hm | 60 hm | 180

START | Egling, Parkplatz des Postwirts Oberhauser, 608 m [GPS: Breite N 47.924122° Länge E 011.508350°]
CHARAKTER | Leichte Wanderung
EINKEHR | Gasthaus Oberhauser in Egling und Thanninger Wirt in Thanning

Am Thanninger Weiher

Zwei unterschiedliche Charaktere prägen diesen Spaziergang. Zwischen Egling und Thanning verläuft die Route über freie, aussichtsreiche Felder und östlich davon, am Thanninger Weiher, geht es den Seeflächen entlang durch den Wald.

Genau genommen besteht der Thanninger Weiher aus drei eigenständigen Seeflächen. Sie liegen von Westen nach Osten hintereinander aufgereiht und sind durch Erd-Stauwälle voneinander getrennt. Die Weiher dienen vornehmlich der Fischzucht, werden im Winter aber gerne zum Eisstockschießen und Schlittschuhlaufen genützt. Und sie geben ein schönes Begleitbild für die Wanderung ab.

▶ Vom Parkplatz bei der beliebten **Gaststätte Oberhauser in Egling** 01 geht man zur Sauerlacher Straße hinaus, biegt auf sie rechts ein und bei der nächsten Abzweigung nach links auf den Thanninger Weg. Bei den letzten Häusern endet meist die Schneeräumung. Von dort folgt man dem Weg aus Egling heraus. Er führt an einem Eichenbaum und einem alten **Wegkreuz** 02 vorbei und dreht gleich dahinter rechts ab.
Schon bald geht es wieder nach links und über eine aussichtsreiche Anhöhe hinweg. Auf ihr an einer vom Landesbund für Vogelschutz errichteten Wildstrauchhecke vorbei und zum Reiterhof hoch über Thanning. Dort wieder durch

Winterwandern am Thanninger Weiher

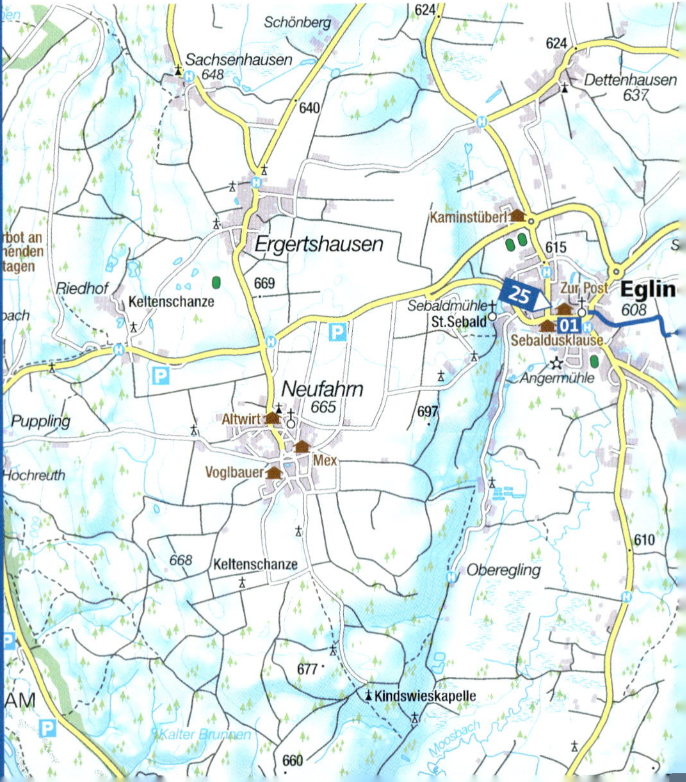

einen Rechts-Links-Knick und auf der Schulstraße ins schmucke Dorf Thanning hinunter, wo auf den alten Höfen die Hausnamen stehen. Hinter dem alten Schulhaus verzweigt sich die Straße kurz vor dem **Thanninger Wirt** **03**. Dort links abbiegen, auf der Amtmannstraße zur Hauptstraße hinab, diese bei der Bushaltestelle queren und auf der Schmiedbergstraße wieder bergauf. Am Maibaum vorbei, und hinter der Schreinerei fällt das Sträßchen deutlich ab und stößt auf eine wenig befahrene Autostraße (Weiherweg). Auf ihr nach rechts und in der ersten Linkskurve nach rechts auf einen Schlepperweg, der in geringem Auf und Ab zum ersten Weiher führt.

Am **Stauwall** **04** links vorbei und durch schönen Winterwald auf der Nordseite der Weiherkette, bei schönem Wetter in der Sonne dahin, bis der Stauwall des dritten **Weihers** **05** erreicht wird.

Man kann zwar von dort der Straße noch weiter folgen, doch der Rundweg knickt beim Wall rechts ab und führt über ihn und einen Bach zu einer Fahrspur. Auf sie rechts einbiegen und nun auf der Südseite der Seenkette (im Schatten) bis zum Stauwall des ersten Weihers zurück. Dort rechts abdrehen und zum Hinweg hinüber. Auf ihm bis **Egling** **01** zurück.

VON PUPPLING NACH NEUFAHRN

Zur Kindswieskapelle

9 km | 2:45 h | 70 hm | 70 hm | 180

START | Puppling, Bushaltestelle und Parkplatz beim Gasthaus Pupplinger, 585 m
[GPS: Breite N 47.917921° Länge E 011.449921°]
CHARAKTER | Leichte Rundwanderung
EINKEHR | Gasthaus Pupplinger am Ausgangspunkt und Gasthaus Vogelbauer in Neufahrn

Winterwald zwischen Puppling und Neufahrn

Diese Wanderung ist nicht schwer zu finden, wenn man sich genau an die Beschreibung hält. Zudem zeigen sich hin und wieder gelbe Markierungspfeile, die vom Isartalverein aufgestellt worden sind. Trotzdem ist auf die richtige Routenführung zu achten, denn nicht die gesamte Rundwanderung verläuft auf deutlichen Forstwegen. Zwischendurch geht es auch auf Wanderwegen durch dichten Wald, und wenn diese Pfade dick verschneit sind, sind sie nicht immer gut zu erkennen.

▶ Erst einmal muss man auf die Rückseite des **Wirtshauses Pupplinger** 01 und von dort kurz einen Hang hinauf. Auf der Hangkante rechts halten und einem Pfad nach Süden zum Erholungsheim in Hochreuth folgen. Dort links auf einen Fahrweg einbiegen, der neben dem Kaltenbach an der **Mühle** 02 vorbei im Wald nach Puppling ansteigt. Bei der Kirche rechts herum und wieder in den Wald hinein.
Kurz neben dem Bach weiter, etwas aufwärts und an den Rand einer ausgedehnten Waldwiese. Auf ihrer linken Seite dahin und dem Fahrweg folgend wieder in den Wald hinein.
Wieder kommt man zu einer großen Waldwiese. An ihrem rechten Rand bis zum südlichen Lichtungsende, wo man rechts abzweigt und nach links zu einem Steig geht, der steil abfallend zum Bach hinunterführt, diesen quert und wieder stramm ansteigt. Dann auf einer Schlepperspur zu einem Waldbuckel. Über ihn hinweg und in sanftem Gefälle zu einer Forststraße hinab. Auf ihr ein paar Meter nach links und hinter dem Graben auf die zweite rechts-

Dreibrunnen
652
Schönberg
624
Sachsenhausen
648
640
572
572
Fahrverbot an Wochenenden u.Feiertagen
Ergertshausen
Kaminstüberl
Riedhof
Keltenschanze
669
Kaltenbach
Sebaldmühle
St.Sebald
Aujäger
26
Marienbrücke
01
Puppling
Neufahrn
665
Altwirt
697
26
Hochreuth
02
Mex
Voglbauer
04
Siedlung
Farchet
668
Keltenschanze
Oberegli
26
26
677
WALDRAM
Kindswieskapelle
03
180
Kalter Brunnen
Moosbach
660
Haarschwaige
Rotes Kreuz
Holzwirt
ehem.Wasserb
Isar
Gut
589
Ascholding
606
Mangmühle
601
596
11
Gut Buchberg
Reismühle
Aschol-
Kies
GARTEN-
596
624
dinger
Rathaus
Heimatmuseum
0
500 m
-BERG
Gerets-
rieder
Au
36

seitige Abzweigung. Die Route schnürt sich zu einem Hohlweg zusammen, fällt etwas ab und wieder in einen feuchten Graben. Von dort schlängelt sich die mit gelben Pfeilen markierte Wegspur durch den Wald dahin und stößt auf eine Forststraße. Auf ihr schräg rechts gering ansteigend weiter.

Bei der folgenden Straßenverzweigung muss man sich etwas links halten und wieder bergauf. Dieser Fahrweg verengt sich zu einer Schlepperspur und steigt zum Waldrand an. Nach rechts könnte man die Tour noch nach Haarschwaige und Ascholding ausdehnen. Die Rundwanderung allerdings führt dort nach links und taucht gleich wieder im Wald ein. Bei der Weggabelung hält man sich etwas links. Nun auf der Straße geradeaus weiter. Bevor das Sträßchen in einem Linksbogen deutlich ansteigt, biegen wir rechts ab und folgen dem etwas abfallenden Fahrweg rund 100 m weit zur mitten im Wald versteckten **Kindswieskapelle** **03**.

Nach dem Besuch der Kapelle geht man zur Forststraße zurück, hält sich auf ihr rechts und kommt zu einer breiten Fahrstraße. Auf ihr nach links weiter und gegen Norden dahin. Die Straße tritt auf freies Feld aus und führt geradewegs nach Neufahrn hinein.

Bei der ersten Abzweigung nach links auf die Gartenstraße, dann rechts abbiegend auf die Schanzenstraße weiter, am **Gasthaus Vogelbauer** **04** vorbei und nach links auf den Pupplinger Weg, der anfangs auf freiem Feld, dann im Wald in mehrmaligem Auf und Ab nach Westen bis Puppling führt. Dort trifft man wieder auf den Hinweg, dem man zum **Ausgangspunkt** **01** folgt.

Die Kindswieskapelle

Im Jahr 1830 verirrte sich ein kleines Kind aus Neufahrn im Wald. Die Eltern und die Nachbarn haben verzweifelt nach dem Kind den ganzen Wald durchkämmt, was fast aussichtslos war. In ihrer Not legten sie ein Gelübde ab, an der Stelle, wo sie das Kind wieder finden eine Kapelle zu bauen. Nach drei Tagen und drei Nächten entdeckten sie schließlich das ermattete Kind in einer Waldwiese. Doch zur Einlösung des Gelübdes kam es nicht gleich. Erst als ein Familienmitglied in schwerer Krankheit ebenfalls gelobte für den Fall der Gesundung eine Kapelle zu errichten, wurde das Gotteshaus schließlich im Wald an der Stelle gebaut, wo seinerzeit das Kind wieder aufgefunden wurde.

MANGFALLTAL

Tief unter Valley

8 km | 3:00 h | 120 hm | 120 hm | 181

START | Valley, 649 m
[GPS: Breite N 47.892958° Länge E 011.779601°]
CHARAKTER | Leichte Wanderung
EINKEHR | Bräustüberl Valley, Vordermaier in Hohendilching

Hohendilching über dem Mangfalltal

In der Würmeiszeit hat sich die Mangfall zwischen **Tegernsee** und **Inn** bei Rosenheim ein tiefes Bett gegraben und Schichten aus früheren Eiszeiten freigelegt. Das ist gut am Nagelfluhfels zu sehen, der am Steilufer ans Licht tritt. Dort wird das Grundwasser gesammelt und der Münchner Wasserversorgung zugeführt. Bei Valley ist das Mangfalltal besonders spannend und dort verläuft die vorgeschlagene Wanderung.

▶ Die Wanderung beginnt direkt im kleinen **Dorf Valley** 01, das vor allem durch die Gräfliche Brauerei Arco-Valley und das Bräustüberl bekannt ist. Von dort folgt man der sehr steilen Fahrstraße in weitem Rechtsbogen über den Schlossberg zur Mangfall hinunter, um noch vor der **Brücke** 02 nach links auf den Aumühler Weg einzubiegen. Er führt ein wenig ansteigend bis **Aumühle** 03 und erreicht beim letzten Wohnhaus das Ende der Sackstraße. Dort zweigt die Route rechts ab, führt zur Mangfall hinüber und auf dem Uferweg neben dem Gebirgsfluss nach Norden dahin. Ein Treppenweg steigt kurz etwas steiler durch den Wald an und dann weitet sich der schmale Pfad zu einem breiten Wanderweg.
Bei der **Anderlmühle** 04 hat sich ein bekannter Bildhauer niedergelassen, der im Garten seine Kunstwerke aufgestellt hat. Dahinter steigt die Straße 80 mühsame Höhenmeter an und erreicht das Bauerndorf **Hohendilching** 05.
Wenn der Weg bei Aumühle gesperrt ist (FFH-Gebiet), zweigt man in Aumühle vom Aumühler Weg links ab und bei der ersten Verzweigung nach rechts. Eine Forststraße dreht gegen Norden ab und steigt am Hang bis zum Waldrand an. Dort die nach links abbiegende Straße geradeaus

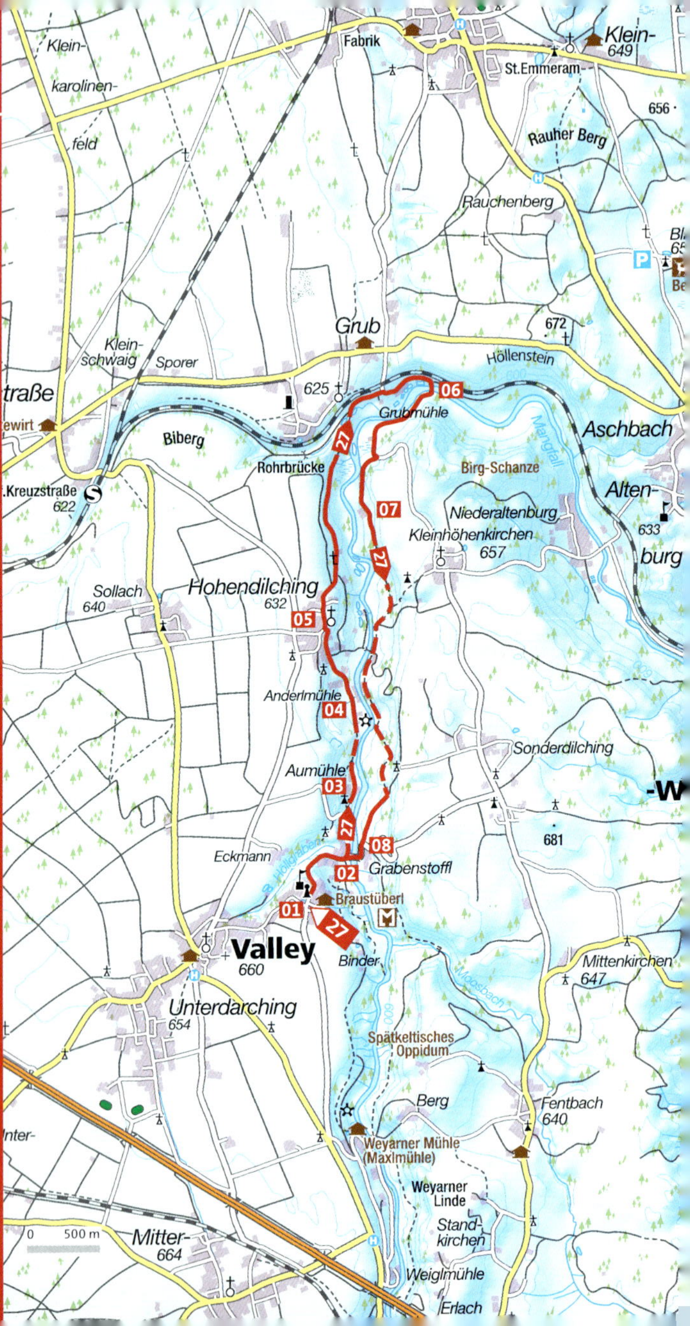
Klein-
karolinen-
feld
Fabrik
Klein-
649
St.Emmeram
656
Rauher Berg
Rauchenberg
P
Grub
672
Klein-
schwaig
Sporer
Höllenstein
625
06
traße
ewirt
Grubmühle
Biberg
27
Rohrbrücke
Aschbach
Mangfall
Birg-Schanze
.Kreuzstraße
622
Alten-
07
Niederaltenburg
633
Kleinhöhenkirchen
657
burg
27
Sollach
640
Hohendilching
632
05
Anderlmühle
04
Sonderdilching
Aumühle
03
27
681
08
Eckmann
Grabenstoffl
02
Braustüberl
01
27
Valley
660
Binder
Mittenkirchen
647
Unterdarching
654
Moosbach
600
Spätkeltisches
Oppidum
Berg
Fentbach
640
Inter-
Weyarner Mühle
(Maxlmühle)
Weyarner
Linde
0
500 m
Stand-
kirchen
Mitter-
664
Weiglmühle
Erlach

verlassen und am Waldrand rund 400 m bis zu einem Feldweg weiter, der geradewegs nach Hohendilching hineinführt.
Die Straße verlässt dieses urtümliche, idyllische oberbayerische Dorf in Richtung Grub. Im weiteren Verlauf geht es in den Wald hinein und an ein paar Fischteichen vorbei.
Oberhalb der Fischzucht Grubmühle verzweigt sich die Route. Dort geradeaus weiter, in der Nähe der Bahnstrecke ein wenig abwärts und in einem Rechtsbogen nahe der **Fischzucht** 06 die Mangfall queren.
Damit die Wanderung zu einer Rundtour wird, geht man jetzt auf der Ostseite der Mangfall wieder zurück. Zunächst folgt man einer Straße, kommt in einer Linkskehre an einer gefassten Quelle vorbei und dann geht es im Wald bergauf. Die Straße beschreibt einen scharfen Linksbogen. Dort, beim Schild „Breitmoos", den Fahrweg nach rechts verlassen. Am Hof von **Breitmoos** 07 links vorbei und auf einer Schlepperspur im Wald weiter dahin. Bei der folgenden Abzweigung könnte man nach links nach Kleinhöhenkirchen abzweigen. Die Route führt geradeaus weiter und bei der nächsten Abzweigung schräg rechts bis zur

Die Mangfall bei Aumühle

Mangfall hinunter. Neben ihr bis zur Brücke, in der gleichen Richtung weiter und auf einem bei Schneelage kaum erkennbaren Trampelpfad am Flussufer entlang. Später auf einer Trittspur nach links von der Mangfall weg, etwas bergauf und schon bald wieder auf einen Fahrweg. Dieser stößt bei **Grabenstoffl** 08 zu einer Autostraße, auf der man zur Brücke absteigt, wo sich der Kreis wieder schließt. Am steilen Schlossberg geht es wieder nach Valley hinauf.

Das Pumpenhaus Valley

Im Jahr 1886 ließ Graf Arco-Valley ein Wassertriebwerk bauen, das heute noch besteht. Mit ihm wurde Quellwasser aus dem Mangfalltal nach Valley hinaufgepumpt, um den großen Wasserbedarf der Brauerei decken zu können. In einem raffinierten System wurde ohne Einsatz von zusätzlicher Energie das Wasser zur Hälfte für den Antrieb der Kolbenpumpe benutzt, um die andere Hälfte des Wassers transportieren zu können. Dieses wirtschaftliche Prinzip ist auch andernorts bis zum Ende des 19. Jahrhunderts angewandt worden.

KUPFERBACHTAL

Ins Naturschutzgebiet Spielberg

13 km | 3:30 h | 180 hm | 180 hm | 181

START | Glonn, Wanderparkplatz bei der Wiesmühle, 535 m [GPS: Breite N 47.982452° Länge E 011.863276°]
CHARAKTER | Mit Schwierigkeiten ist normalerweise nicht zu rechnen
EINKEHR | Gasthof Wiesmühle am Ausgangspunkt

Vom **Wanderparkplatz** 01 an der Wiesmühlstraße in Glonn geht man kurz nach Osten, über den Kupferbach und bei der Wiesmühle nach rechts auf die Reisenthalstraße. Dann am Sägewerksgelände entlang und auf der Straße durch einen Linksbogen am Ortsende von Glonn.
Auf dem schmalen Asphaltsträßchen geht es nun durch den breiten, sonnigen Talgrund im Wesentlichen nach Süden dahin. In einem kurzen Waldgürtel kommt man nahe an den Kupferbach heran und dann zur Einöde **Reisenthal** 02 mit der Sebastianskapelle.
Hinter dem Reisenthaler Hof verzweigt sich die Straße. Wir gehen geradeaus über eine ausgedehnte Wiese weiter, bis sich der Weg unmittelbar vor einer **Bachbrücke** 03 verzweigt. Dort wieder geradeaus dahin und zur Fahrwegkurve unterhalb von **Spielberg**

Reif im Kupferbachtal

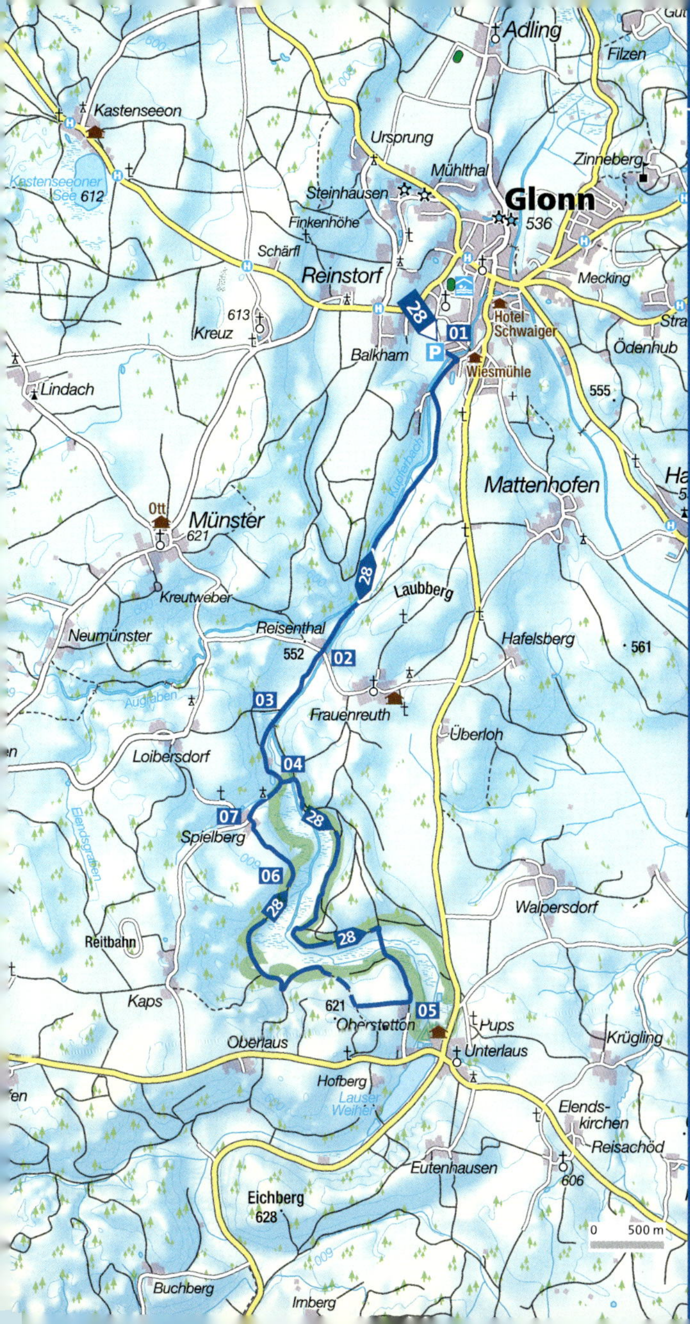
Adling
Filzen
Kastenseeon
Kastenseeoner See 612
Ursprung
Mühlthal
Zinneberg
Steinhausen
Glonn
536
Finkenhöhe
Schärfl
Reinstorf
Mecking
613
Kreuz
28
01
Hotel Schwaiger
Balkham
Ödenhub
Wiesmühle
Lindach
555
Kupferbach
Mattenhofen
Ott
Münster
621
28
Laubberg
Kreutweber
Neumünster
Reisenthal
552
02
Hafelsberg
561
03
Augraben
Frauenreuth
Überloh
Loibersdorf
04
07
28
Spielberg
Elendsgraben
06
28
Walpersdorf
Reitbahn
28
Kaps
621
05
Oberstetten
Pups
Oberlaus
Unterlaus
Krügling
Hofberg
Lauser Weiher
Elendskirchen
Reisachöd
Eutenhausen
606
Eichberg
628
0
500 m
Buchberg
Imberg

Haar- oder Wolleis entsteht nur unter besonderen Bedingungen auf abgestorbenen Laubhölzern

In der Wintersonne werden die Eisnadeln bald schmelzen

04. Dort links abbiegen, auf einer Schlepperspur zum Waldrand hinüber und im Wald sogleich rechts abdrehen. Anfangs auf einer Schlepperspur, dann nach rechts auf einen Waldpfad, dem man nun lange am Rande des Moores folgt, bis schließlich eine weite, nasse Wiese unterhalb von Oberstetten erreicht wird. Am Wiesenrand bis zu einer Kreuzung dahin. Dort links abbiegen, die Wiese und den Bach nach Süden queren und am Wiesenhang zum Ortsrand von **Oberstetten** 05 hinauf.

Dort auf den ersten Feldweg nach rechts einbiegen. Auf ihm zum Waldrand hinauf, in den Wald hinein und durch einen schwach ausgeprägten Rechtsbogen. Im weiteren Verlauf fällt der Weg im Hochwald ab, dreht noch weiter nach rechts und stößt auf eine grobe Fahrspur, noch vor dem geschützten Moorbereich.

Dort drehen wir links ab, verlassen die Schlepperspur kurz bevor sie ansteigt nach rechts und folgen einem Trampelpfad, der zum Naturschutzgebiet abfällt. Am Rande einer großen Wiese gehen wir nach links am Waldsaum entlang zu einem Forstweg hinüber und folgen diesem bis zur nächsten nassen Wiese. Wir queren sie, kommen wieder in den Wald hinein und ein wenig rechts haltend über die **Hacklleite** 06 zum **Gut Spielberg** 07. Am Hof geht man links vorbei, dreht unmittelbar dahinter rechts ab und geht in einer Rechtskurve zum Bachgraben. Dahinter wieder rechts halten, an einem eindrucksvollen Findling und am Entenweiher vorbei und zum Hinweg hinab. Auf ihm zum **Ausgangspunkt** 01 zurück.

Frauenreuth über dem Kupferbachtal

MAXLRAIN – WEIHENLINDEN

Wallfahrt zur Heiligen Dreifaltigkeit

13 km | 2:30 h | 50 hm | 50 hm | 181

START | Maxlrain, 498 m
[GPS: Breite N 47.898095° Länge E 011.988187°]
CHARAKTER | Nahezu ebene Wald- und Wiesenwanderung mit zwei Attraktionen: dem Schloss Maxlrain mit dem Bräustüberl und der Wallfahrtskirche Weihenlinden
EINKEHR | Bräustüberl Maxlrain, Gasthaus Weihenlinden

Im Benediktenfilz zwischen Weihenlinden und Maxlrain

In der Gegend um Bad Aibling gibt es wegen der klimatischen Bedingungen und der relativ niedrigen Höhenlage meist nur wenig Schnee. Das kommt Winterwanderern zugute, die nicht durch meterhohe Verwehungen stapfen wollen. Außerdem verlaufen weite Teile der hier vorgestellten Rundwanderung auf kaum befahrenen Sträßchen, die geräumt und gestreut werden. Die restlichen Routenabschnitte führen über gute Waldwege, die ebenfalls fast immer einwandfrei zu begehen sind.

Trotzdem ist diese flache Wanderung nicht ohne Reize, denn neben den beiden oben genannten Glanzlichtern hat man fast ständig einen schönen Blick auf die winterliche Alpenkette.

Neureith
Braunau
Klosterweiher
Schwaig
505
Beyharting
490
Breitenberg
Oed
Mühlholz
Innerthann
494
Bichl
Ober-
531
Schwarzgraben
Glonn
Kronbichl
Stachöd
Hochholz
Schlossholz
Stallholz
Freigraben
Benediktenfilz
29
508
Maxlrain
Rohrweiher
01
Schlosswirtscha
Bräustüberl
Aich
29
P
Moosbach
02
Högling
491
WILPAS
Hl.Dreifaltigkeit
03
Weihenlinden
Oberadlfurt
Adlfurt
Heu-
492
feld
MIETRACHING
484
BAD AIBLING
492
Heufeld
492
MARKFELD
Waldheim
UNTER-
HEUFELD
Madau
Weidach
Götting
499
0
500 m
Westerham
492
Mitter-

Vom Parkplatz beim Bräustüberl in **Maxlrain** **01** geht man an Biergarten und Kinderspielplatz vorbei, beim Stachöder Weg geradeaus und ein wenig aufwärts. Auf der Weihenlindener Straße durchquert man den Siedlungsbereich und folgt dem Sträßchen etwas abfallend in leichten Kurven in den Wald hi-

Die Wallfahrtskirche Heilige Dreifaltigkeit Weihenlinden

Anfang des 17. Jahrhunderts wiesen schon von weitem zwei Linden auf den Weichlindengarten, der das Grab dreier vermögender Männer gewesen sein soll. In den schweren Zeiten von Schwedenkrieg und Pest (1632 bis 1634) gelobten die Höglinger den Bau einer Kapelle bei den Weichlinden. Als sie dieses Gelöbnis einlösten, entdeckten sie bei den Bauarbeiten einen goldenen Ring, und sogleich schäumte eine kräftige Quelle hervor. Auf Geheiß des Münchner Kapuziners Chrysostomus bauten die Höglinger die Kapelle dem Ring entsprechend rund.

Schnell verbreitete sich der Ruf der neuen Gnadenstätte im Oberland. Noch im selben Jahr kamen die Pilger zuhauf um zu beten und durch das Quellwasser Gesundheit und Gottes Hilfe zu erlangen. Im Jahr 1653 wurde vom Weyarner Probst Valtentin Steyrer beim Quell- und Baumheiligtum die Wallfahrtskirche erbaut. Im Arkadengang gibt es sehenswerte Fresken zur Wallfahrtsgeschichte. Der Höhepunkt der Kirche ist die Gnadenkapelle aus dem Jahr 1761 hinter dem zweigeschossigen Hochaltar.

Maxlrain

Im Sundergau (dem Südgau südlich der Donau) lag, eingesäumt von dichten Wäldern, in denen wilde Tiere hausten, das Stammschloss des berühmten Geschlechtes von Maxlrain, das vom Urahn Ritter Podalune und seinem Sohn Reginhart schon wenige Jahre nach seiner Gründung im Jahr 814 dem Erzbistum Freising geschenkt worden ist, um es anschließend als Lehen des Bischofs zu erhalten. Der Hintergrund für diesen Tausch waren wohl wirtschaftliche Gründe.

Das Rittergeschlecht Podalune, das sich fortan Maxlrainer nannte, besaß auch umfangreiche Ländereien in Hohenwaldeck und Wallenburg bei Miesbach. Nachdem das alte Schloss im Jahre 1580 einem Brand zum Opfer gefallen war, weiß heute niemand mehr, wie es ausgesehen hatte. Nur die Kapelle blieb von den Flammen verschont. Sie bildete den Kern des neuen Schlosses, das kurze Zeit später im Renaissance-Stil, mit vier Türmen begrenzt neu aufgebaut wurde, so wie es heute noch steht.

Die Kapelle und mehrere Räume wurden später von Johann Baptist Zimmermann aus der Wessobrunner Schule stuckiert.

Die Maxlrainer sind im Jahr 1734 untergegangen, nachdem sie – immer ihrer Zeit voraus – sich mit Bergwerken versuchten, aber keinen rechten Erfolg hatten. Die Besitztümer übernahm Gräfin Rheinstein-Tattenbach, die im Jahr 1730 vom Churfüsten Max Joseph III. die Erlaubnis bekam, das braune Bier zu brauen.

Nach mehrmaligem Besitzerwechsel kam das Schloss 1936 in die Hand der Grafen von Hohenthal. Das gute Bier gibt es immer noch und in der Fastenzeit erfreut sich das Spezialbier mit dem Namen „Jubilator“ bei der Bevölkerung großer Beliebtheit.

Im Benediktenfilz zwischen Weihenlinden und Maxlrain

nein. Das nur sehr wenig befahrene Sträßchen schlängelt sich durch den Wald dahin und tritt in freies Gelände aus, wo es den **Moosbach** 02 quert. Dort öffnet sich der erste Blick zur prächtigen Wallfahrtskirche Hl. Dreifaltigkeit Weihenlinden.
Es geht nun ein längeres Stück über freies Feld geradeaus weiter. Bei der Kreuzung links abbiegen und ein paar Hundert Meter direkt zur **Wallfahrtskirche** 03 hinüber.
Nach dem Kirchenbesuch auf dem gleichen Weg wieder zurück, bei der Kreuzung geradeaus und auf den Wald zu. In geringem Anstieg bis zur Höhe von 509 m hinauf, wo sich der Fahrweg neben dem Benediktenfilz verzweigt. Dort rechts halten, ein wenig auf und ab und bei der folgenden Verzweigung schräg links. Gleich darauf mündet die Route auf ein Sträßchen, führt an einem Bildstöckl vorbei und dann bleibt man immer auf dem Hauptweg. Im Zweifel geht man geradeaus weiter und kommt schließlich auf eine schöne Allee und neben dem Damwildgehege wieder nach **Maxlrain** 01, wo das Bier im Bräustüberl schon wartet.

Der Moosbach bei Maxlrain

TAUBENBERG

Wo das Münchener Trinkwasser herkommt

8 km | 2:30 h | 300 hm | 300 hm | 181

START | Oberwarngau, Ortsmitte, 726 m
[GPS: Breite N 47.831364° Länge E 011.722466°]
CHARAKTER | Wenig schwierige Wanderung auf einen beliebten Aussichtsberg
EINKEHR | Gasthaus Post in Oberwarngau, Taubenberghaus (Montag bis Mittwoch Ruhetag)

Das Taubenberghaus

Ein Löwenanteil des Münchener Trinkwassers kommt aus dem Mangfalltal und vom Taubenberg. Deshalb haben die Münchener Wasserwerke schon früh die ausgedehnten Mischwälder am Taubenberg gekauft, um sie als hervorragenden Regenwasser- und Schneesammler zu nutzen. Diese Wälder sind ein ideales Frischluftgebiet für abgasgeplagte Münchner Stadtlungen. Der Aufbau des Waldes am Taubenberg wird aus ökologischer, wasserwirtschaftlicher und forstlicher Sicht positiv gesehen. Eine nachhaltige Forstwirtschaft, wie wir sie in bayerischen Wäldern seit Jahrhunderten haben, wird auch dort betrieben. Nach Angaben der Wasserwerke werden pro Hektar und Jahr nur 3 Bäume geerntet. Es wird also nicht mehr entnommen, als nachwachsen kann.

Vor allem dort, wo Laubbäume stehen, verdunsten die Niederschläge im Sommer durch die Schatten spendenden Kronen weniger als bei Nadelbäumen und im Winter kann der Schnee durch die entlaubten Bäume direkt bis auf den Boden fallen. Dieser saugt das Wasser wie ein Schwamm auf und gibt es an das Grundwasser ab, wo es aufgefangen und in das Münchener Leitungsnetz transportiert wird.

Wer allerdings sieht, dass mit schweren, Dieselabgas ausstoßenden Holzerntemaschinen ganze Schneisen in den Wald geschlagen und in Minutenschnelle stämmige Bäume gefällt und zersägt werden, tut sich schwer, die Angaben der städtischen Wasserwerke zur hervorragenden Umweltfreundlichkeit der Waldbewirtschaftung wirklich zu glauben ...

▶ Vom Haltepunkt Warngau der Oberlandbahn geht man rund 1 km weit gegen Osten nach

Oberwarngau hinein und in der Ortsmitte zum **Gasthaus Post** 01. Von dort am Rathaus vorbei und auf dem Schulweg neben dem Bachgraben durch Oberwarngau hinauf. Noch bevor der Schulweg rechts abdreht und kräftig ansteigt, muss man nach links den Bach queren und auf der Austraße weitergehen. Bei den Hausnummern 18 und 19 zweigt die Route nach links ab und führt auf einem Asphaltweg in den Wald hinein. Beim Wasserbehälter links weiter und auf einem Schotterweg nach Osten hinauf, bis auf einer Kuppe von links ein Fahrweg herüberkommt. Dort nach rechts weiter und ziemlich eben bis zum **Aussichtsturm** 02 auf dem Taubenberg, der einst als Wasserturm geplant war, sich wegen instabiler Bodenverhältnisse dafür aber nicht eignet.

Im Sommer kann man im Taubenberghaus den Schlüssel holen und auf einer Wendeltreppe zur Aussichtsplattform aufsteigen. Im Winter ist der Turm gesperrt.

Der Weiterweg verläuft in der gleichen Richtung dahin und stößt neben der **Christophkapelle** 03 zu einer breiten Straße, der man durch den Wald hinabfolgt. Sie beschreibt am Waldrand ein paar enge Kurven und stößt schließlich

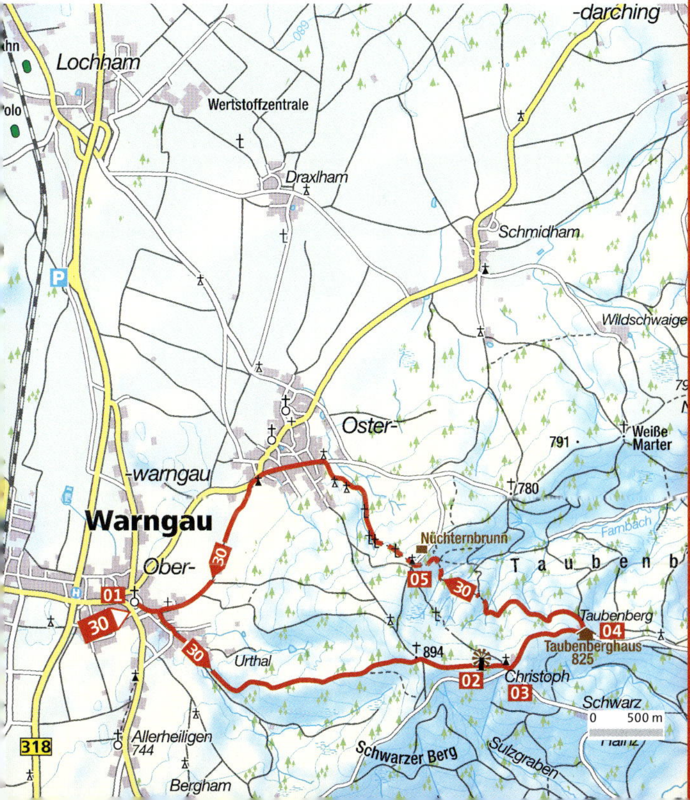

Der Aussichtsturm auf dem Taubenberg

zur **Wirtschaft Taubenberghaus** 04. Beim Parkplatz des Taubenberghauses links abbiegen, um einer Fahrspur zunächst recht flach, dann in geringem Gefälle nach Westen zu folgen. Der Weg ist von etlichen – bei Vereisung gefährlichen – Bachgräben durchzogen. Er schnürt sich zu einem schmalen Pfad zusammen, der auf einem Treppenweg zur **Nüchternbrunnkapelle** 05 führt.
Dort beginnt ein Kreuzweg, der beim Kircherl gleich links abbiegt und rund 20 Höhenmeter ansteigt, ehe er – zwischendurch ziemlich steil – abfällt, sich zu einer Fahrspur verbreitet und in mehreren Kurven zum Nüchternbrunnweg in **Osterwarngau** stößt. Diesem nach links bis zur Dorfstraße folgen, dort wieder links, an der Marienkapelle vorbei und hinter ihr nach links auf einen Feldweg abzweigen. Er bringt den Wanderer nach Süden weiter und nach Oberwarngau hinein. Auf der Lindenstraße am Kindergarten vorbei und vor dem Wassergraben nach rechts zum Gasthaus Post. Von dort ist es entlang dem Zuweg noch 1 km zum Haltepunkt der Oberlandbahn.
Wenn der Schnee hoch genug liegt, kann man auf der Aufstiegsroute auch mit dem Schlitten abfahren.

Geiß beim Marold am Taubenberg

Alternativroute von Gotzing herauf

Eine einfachere, vor allem für hohe Schneelage geeignete Routenvariante führt von Gotzing über Langenegger und Günderer auf einem wenig befahrenen Sträßchen in den Wald hinein und nach Westen an Kogelkapelle und Maroldhof vorbei zum Wirtshaus Taubenstein. Von dort in der gleichen Richtung zum Aussichts- und Rastplatz bei der Christophkapelle und zum Aussichtsturm auf dem höchsten Punkt des Taubensteins weiter. Auf dieser Route gibt es ein paar Abkürzungsmöglichkeiten, wenn man nicht nur auf Fahrwegen gehen will. Sie sind auch bei Schneelage meist gespurt.
Der Rückweg verläuft auf der gleichen Strecke (insgesamt rund 3:30 Std.)

MALERWINKEL

Im Naturschutzgebiet Isarauen

11 km | 2:30 h | 140 hm | 140 hm | 180

START | Tattenkofen, Isarbrücke, 597 m
[GPS: Breite N 47.856738° Länge E 011.511218°]
CHARAKTER | Streckenweise sind Trittsicherheit und etwas Schwindelfreiheit notwendig
EINKEHR | Keine

Höhepunkt auf dieser spannenden Rundtour ist der Aussichtspunkt Malerwinkel. Dort oben gibt es in prächtiger Landschaft einen Rastplatz, der allerdings nur dann gemütlich ist, wenn der Schnee nicht zu hoch liegt und die Sitzbänke angenehme Rast vor einem großartigen Ausblick bieten.
Aber auch weitere Attraktionen finden sich auf dieser erlebnisreichen Tour. Neben einem spannenden Routenabschnitt vom Einödhof zum Malerwinkel hinauf, der über die Isarsteilhänge ansteigt, findet sich gleich dahinter ein wahrlich aufregender Abstieg über eine steile Rippe. Dort braucht man Trittsicherheit! Und dann führt die Route durch das Naturschutzgebiet Isarauen und hinter dem Pferdehof Rothmühle auf guten Wegen zum Ausgangspunkt zurück.

Von der **Tattenkofener Isarbrücke 01** geht es erst einmal auf schönem Wanderweg nach Süden durch den Wald, bis die Absperrung beim **Einödhof 02** erreicht ist. An ihr rechts vorbei und einem schmalen Pfad neben dem Zaun in der gleichen Richtung weiter folgen, über die asphaltierte Zufahrtsstraße zum Einödhof und dann auf einen deutlich erkennbaren Forstweg.
Im weiteren Verlauf dreht der Weg ein wenig rechts ab und führt in das Naturschutzgebiet Isarauen. Neben der Isar zweigt die Route rechts ab und steigt anfangs in ein paar Kurven, dann durch einen steilen Hohlweg auf einer Treppenanlage stramm hinauf, bis man in dichten Wald hineinkommt. Dort noch ein Stück geradeaus weiter und auf der

Der Malerwinkel bei Schuß

Höhe von 662 m zu einer breiten Forststraße. Man folgt ihr nach links und kommt schon bald zum herrlichen Aussichtsplatz Malerwinkel.
Der Wanderweg verlässt an markierter Stelle den Fahrweg nach links und fällt im Wald anfangs nur gering ab. Im weiteren Verlauf stößt er an eine steile Hangkante, und über diese fällt ein luftiger Steig über eine Geländerippe sehr steil ins Isartal ab. Weiter unten kommt man zu einem gemächlich dahinfließenden **Bach 03**, über den ein guter Steg führt.
Nun geht es eben weiter. Schräg rechts wird wieder ein Forstweg erreicht, der sich bei ein paar Wegtafeln in einer Lichtung verzweigt. Dort links halten und in dichten Wald hinein. Bei der folgenden Verzweigung schräg links weiter und gleich darauf wieder links herum. Auf ein paar Stegen durch ein Gewirr aus Bächen und zu einem Fahrweg hinaus. Auf ihm nach rechts weiter und an der Isar entlang.
Bei der Abzweigung, gegenüber einem markanten Prallhang der Isar rechts herum und zu einer

Die Rottach im Naturschutzgebiet Isarauen bei Königsdorf

Verzweigung. Dort links halten und bei der nächsten Verzweigung in dichtem Wald rechts herum, bis man aus dem Wald heraus und zum **Pferdehof Rothmühle 04** kommt.
Nach rechts auf die Autostraße abzweigen, an der Jugendsiedlung Hochland vorbei, über die **Rottach 05** und unter einem markanten,

Der Malerwinkel

Bis zum Ende der Würmeiszeit ist die Isar südlich von Bad Tölz dem Inn zugeflossen. Das hat sich geändert, als der Fluss den Moränenrücken zwischen dem Malerwinkel und Rampertshofen durchbrochen hatte. Die Isar strömte nun in den riesigen Wolfratshauser See, der sich von Bad Heilbrunn bis Hohenschäftlarn erstreckte.
Allerdings füllte die Isar den See mit Geschiebe aus Deltaschottern im Bereich von Königsdorf-Wiesen und bei Gelting allmählich auf, bis sie schließlich bei Hohenschäftlarn den hoch aufragenden Endmoränenwall durchbrach und der Wolfratshauser See auslief.
Wegen des Fischreichtums von Isar und Rottach und den guten Jagdmöglichkeiten in den tiefen Wäldern war die Gegend vermutlich schon in der Bronzezeit attraktiv. Im Jahr 1877 wurde in der Nähe des Malerwinkels ein Bronzeschwert gefunden.

mit 630 m Höhe angegebenen Rodelhügel an beschilderter Stelle rechts abzweigen. Bei den nächsten Wegtafeln rechts herum, über einen Bachgraben und zum Waldrand hinauf. In mehrmaligem Auf und Ab durch den Wald weiter, bei der Verzweigung am Rande einer Lichtung rechts herum und zur Einöde **Schuß** **06** hinauf.
Von ihr im Wald weiter und bald darauf wird beim Malerwinkel wieder der Hinweg erreicht. Auf ihm (oder in einer Schlaufe über Waldwege) nach Einöde und zum **Ausgangspunkt** **01** zurück.

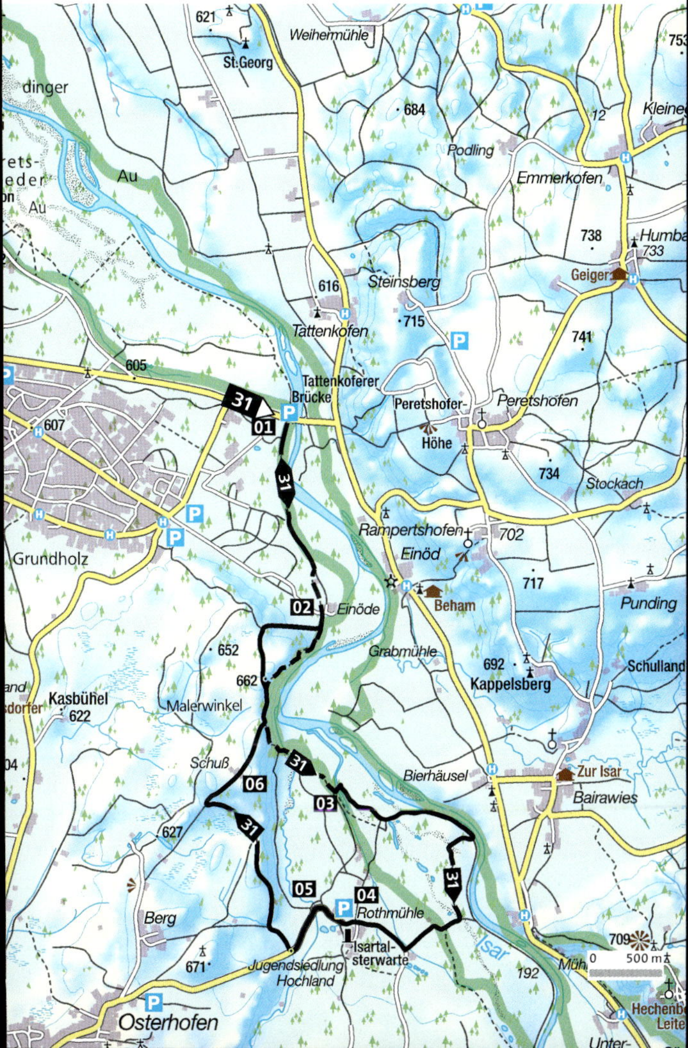

KÖNIGSDORF – FISCHBACH

Durch das Rottachmoos

10 km | 3:15 h | 210 hm | 210 hm | 180

START | Langlaufparkplatz am Dachsberg, 643 m
[GPS: Breite N 47.809179° Länge E 011.493510°]
CHARAKTER | Leichte Rundwanderung; wenn die Loipen gespurt sind, bitte nicht auf den Skispuren gehen
EINKEHR | Gasthaus Fischbach (Montag Ruhetag)

Der Bernwieser Bach und die Rottach fließen in vielen Kurven südlich von Königsdorf durch ein weites, ziemlich unberührtes Moorgebiet. Landschaftlich ist es dort einmalig schön, und durch die schönen Alpenblicke wird die ausgedehnte Rundwanderung zum tief greifenden Erlebnis.

▶ Vom Langlaufparkplatz unter dem Dachsberg, östlich von **Königsdorf** 01, geht man auf einem Fahrweg erst einmal nach Nordwesten zum Sträßchen hinaus und biegt auf dieses links ein. Es führt unter dem Dachsberg nach Süden, und hinter der Scheitelstrecke zweigt nach rechts eine **Fahrspur** 02 ab. Auf ihr bis zum Querweg, dort nach rechts und nach Grafing hinein. Im Weiler links halten, um über freies Feld bis zur Wegverzeigung kurz vor **Kreut** 03 zu gehen. Dort links, an Kreut östlich vorbei und zu einem **Wegkreuz** 04. Man stößt auf einen Asphaltweg, dem man nach links folgt. In der Linkskurve des Sträßchens geradeaus weiter und knapp 100 Meter weiter vorne nach rechts auf eine schwach ausgeprägte Fahrspur einbiegen. Sie fällt zum Wald ab und erreicht schließlich die Staatsstraße 2064, der man nach links folgt.
Nach etwa 200 Meter Entfernung zweigt auf der linken Seite ein **Forstweg** 05 ab, der sogleich eine Rechtskurve beschreibt. Nach einer kurzen Waldetappe führt der Weg am Moorrand entlang und wieder in den Wald hinein. Am Waldrand verlassen wir die Fahrspur nach links, unterqueren eine Stromleitung und kommen in ein ausgedehntes Moorgebiet. Der gute Wanderweg verläuft lange gegen Südosten durch das Moorgebiet, quert auf einem Brücklein die **Rottach** 06, und etwa 50 Meter hinter dem Steg trifft man links des Weges auf eine Fahrspur. Ihr folgt man in der gleichen Richtung bis **Wolfsöd** 07 hinauf.
Gleich hinter dem Hof von Wolfsöd biegen wir auf den beschilderten Wanderweg in Richtung Fischbach ab und gehen im Wesentlichen nach Südosten weiter. Der Pfad fällt anfangs etwas kurvig ab, quert nochmals die **Rottach** 08 und steigt über freie Wiesen und durch kurze Waldetappen nach **Fischbach** und zum gleichnamigen **Gasthaus** 09 an.
Vom Wirtshaus folgt man der Fahrstraße nach Nordosten hin-

Wiesen
Brand
601
600
627
Zeltlagerplatz
Berg
Isartal-
sterwarte
630
Rothmühle
Isar
671
Jugendsiedlung
Hochland
Landgr.
Osterhofen
Rottach
Niederham
Rothenberg
Posthotel
dorf
625
612
Aug
4
Huppen
65
32
01
Dachsberg
668
627
Heimkreit
02
Grafing
11
nnen-
hofen
650
671
682
15
Unterfischbach
32
14
03
Kreut
04
75
661
666
13
Steindl
Rothen-
rain
Rauscher
Rottach
05
06
Graben
650
32
12
Pföderl
07
Wolfsöd
Nod
08
Heigl
Fischbachmühl
Thal
Rottach
11
32
hwaigofen
10
Bernwies
Gasthaus
Fischbach
Fischbach
Kellershof
09
Buchnerweiher
Lechen
Haunle
Voglsang
Unterbuchen
Auf der Höh
702
Spiegel
Kloiber
chner-Filz
Oberbuchen
Glaswinkl
Weiglhof
649
Bach
Schwaig
Heubach
Allhofen
Weiherhäusl
Weiherweber
0
500 m
Buchbergstüb
Linden
Straß
Schnegg
Straß
Hammerl

unter, geht an der Kirche und dem **Wasserhäuschen** (mit Infotafel) **10** vorbei und biegt gleich dahinter dem Wegweiser nach **Fischbachmühl** **11** folgend ab. Von Fischbachmühl folgen wir weiter dem Fischbacher Moosweg in Richtung Rothenrain und stoßen auf eine **Asphaltstraße** **12**. An ihrem Rand nach links weiter und in freiem Gelände nach **Rothenrain** **13** hinauf.
Kurz vor der Scheitelstrecke der Straße biegt man in Rothenrain auf den zweiten Fahrweg links ein. Nach etwa 250 m dreht der Fahrweg rechts ab, führt zum Waldrand hinüber und folgt ihm bis zu einem Stadel. Kurz dahinter endet die Fahrspur, und wir gehen nach rechts auf einem Wanderweg durch einen kurzen Waldgürtel und wieder ins Moos hinein. Erst beim Rastplatz am Waldrand hinter dem **Rottachsteg** **14** wird wieder ein Sträßchen erreicht. Auf ihm gehen wir in der gleichen Richtung weiter.
Bei der Kreuzung neben der **Tuffsteinsäule** **15** mit einem Bild des heiligen Hubertus geht man geradeaus weiter und kann sich auf einer etwas verwegenen Abkürzung einen Umweg sparen.
Wer dies riskieren will, verlässt kurz vor der Linkskurve des Fahrwegs die Straße unter dem Mobilfunkmasten nach links, um über eine Wiese gegen Nordwesten zum Waldrand anzusteigen. Dann geht man ins Unterholz hinein und sucht sich den besten Durchschlupf, bis man schließlich wieder einen Holztransportweg erreicht. Auf ihm über einen Höhenrücken nach Nordwesten und zum **Ausgangspunkt** **01** am Waldrand zurück.

Im Rottachmoos zwischen Kreut und Wolfsöd

LOCHEN – DIETRAMSZELL

Zur Wallfahrtskirche St. Leonhard

14 km | 4:20 h | 200 hm | 200 hm | 180

START | Lochen, Maibaum, 732 m
[GPS: Breite N 47.885228° Länge E 011.600570°]
CHARAKTER | Allenfalls die Orientierung kann an einigen Stellen etwas schwierig sein; ansonsten ist die Wanderung leicht
EINKEHR | Gasthaus Andrä in Lochen und Klosterschänke in Dietramszell

Diese wenig durchgeführte Rundwanderung im Oberland bringt uns zur einzigartigen Wallfahrtskirche St. Leonhard und zur wunderschönen Klosterkirche von Dietramszell. Zudem finden wir auf den hochgelegenen freien Wiesen, über die die Route verläuft, immer wieder großartige Panoramablicke auf die im Sonnenlicht glitzernde Alpenkette.

Wallfahrtskirche St. Leonhard bei Dietramszell

▶ Vom **Gasthaus Andrä in Lochen** **01** auf der Steingauer Straße nach Westen zum Ortsrand und dort nach links in die Schlickenrieder Straße einbiegen. Auf ihr aus Lochen hinaus und nach Süden bis **Schlickenried** **02**. Im Ort endet die Asphaltdecke des Sträßchens. Wir gehen nun auf einem Feldweg in lichten Wald hinein, bei der ersten Abzweigung geradeaus und bei der nächsten schräg rechts. Das kurvige Sträßchen führt an einem kleinen Waldweiher vorbei, fällt etwas ab und beschreibt im Wesentlichen einen leichten Rechtsbogen, bis es schließlich die **Staatsstraße 2368** **03** erreicht. Auf sie links einbiegen und am Straßenrand nach Süden bis zur **Wallfahrtskirche St. Leonhard** **04**, die täglich von 10 – 17 Uhr geöffnet ist. Nach der Besichtigung der interessanten Kirche gehen wir wieder zur Staatsstraße hinaus und queren sie. Auf freiem Feld geht es nun am Rande eines Naturschutzgebiets nach Osten, dann in einem Linksbogen über eine aussichtsreiche Hochfläche nach **Ried**

Rohrkolben an einem Waldweiher bei Schlickenried

05 hinein. Mitten in Ried biegen wir scharf rechts ab und folgen einem Asphaltweg bis Schönegg und weiter nach Dietramszell, wo wir nach Süden bis zur **Klosterkirche** 06 gehen.

Hinter der Klosterkirche biegen wir neben der Klosterschänke links ab und folgen kurz der Straße „Am Weiherfeld". Dann geht es nach rechts über die Brücke, gleich dahinter auf den Parkplatz und geradeaus gegen Osten in den Wald hinein. Die Forststraße führt am Neuweiher vorbei und stößt an das Hochufer des idyllischen **Waldweihers** 07, wo es ein paar schöne Rastplätze gibt.

Anschließend folgt man dem Fahrweg in der gleichen Richtung weiter, bis dieser eine Rechtskurve beschreibt und relativ stark ansteigt. In dieser Rechtskurve knickt unsere Route **links ab** 08 und führt auf einem Rückeweg nach Nordosten. Man darf nun nicht auf dem Holztransportweg den Hang hinaufgehen, sondern hält sich schräg links, um zu einer weiten, kühlen Mulde zu gehen und durch sie, bis eine Fahrspur nach links abbiegt und nach Reith ansteigt. In Reith geht man durch den Klosterhof und dann auf einer Asphaltstraße abfallend am Waldrand zu einer Autostraße, auf der man etwa 150 m weit nach links geht. Bei der ersten Abzweigung biegen wir rechts ab, um gegen Nordwesten nach **Osten** 09 hinaufzugehen. Am Ortsrand von Osten geht es nach rechts auf einen Feldweg, der auf eine schöne, aussichtsreiche Wiesenkuppe ansteigt. Kurz vor dem Stadel auf dieser Kuppe gehen wir nach rechts, an einer Baumgruppe vorbei und zur höchsten Stelle der Hänge, wo der Feldweg in den Wald einbiegt.

Unmittelbar bevor sich dieser in einer Rechtskurve weitet, verlassen wir das **Sträßchen nach links** 10. Auf den Kartenwerken ist dort noch ein Fahrweg eingetragen, der aber anfangs nicht mehr zu erkennen ist. Man geht also weglos nach Norden durch den Wald, kurz durch dichtes Brombeergestrüpp und erreicht eine von rechts kommende Schlepperspur. Dieser folgen wir nun nach Norden, halten uns bei der Rechtskurve schräg links auf einen alten Holztransportweg und erreichen kurz vor dem Augelweiher eine breite **Forststraße** 11. Auf ihr nun im Wesentlichen immer geradeaus nach Norden bis Lochen und im Ort links abbiegend zum **Ausgangspunkt** 01 zurück.

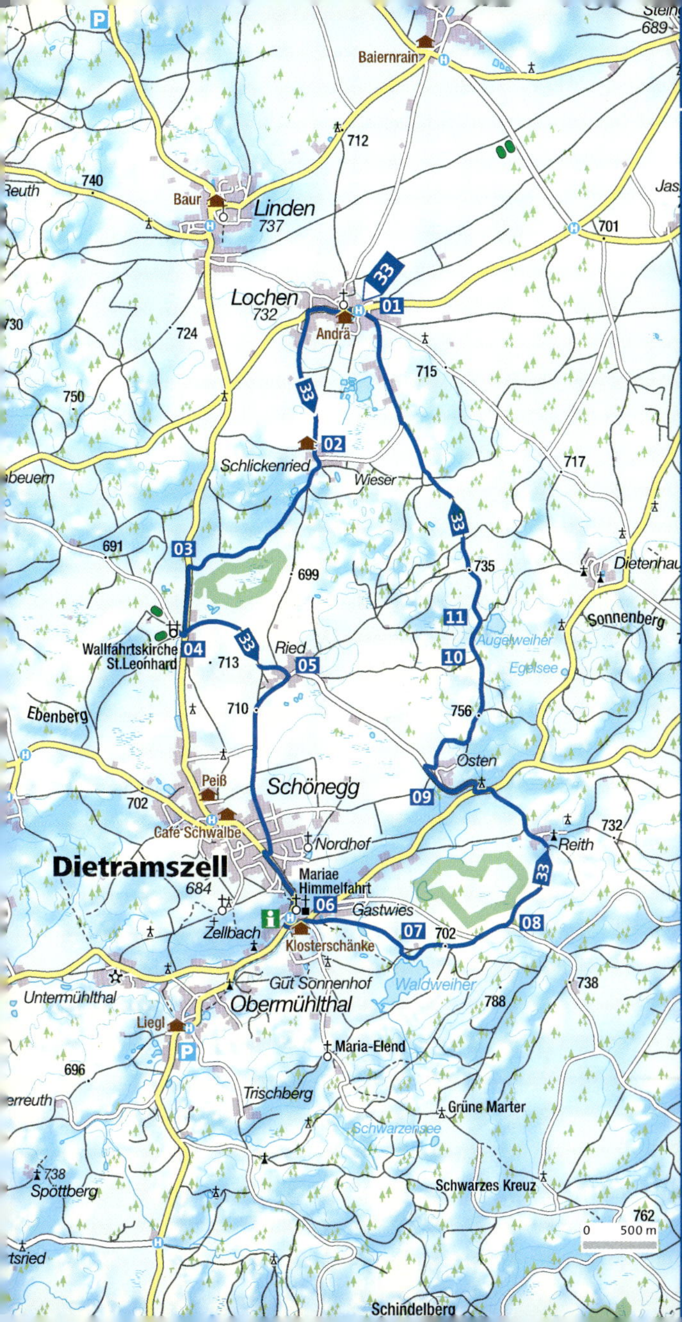
Baiernrain
689
712
Reuth
740
Baur
Linden
737
Jas
701
33
Lochen
732
01
Andrä
730
724
715
750
33
02
Schlickenried
Wieser
717
beuern
33
691
03
699
735
Dietenhau
11
Sonnenberg
Wallfahrtskirche
St.Leonhard
04
33
713
Ried
05
Augelweiher
10
Egelsee
Ebenberg
710
756
Osten
Schönegg
09
702
Peiß
732
Café Schwalbe
Nordhof
Reith
Dietramszell
684
Mariae
Himmelfahrt
06
33
Gastwies
Zellbach
Klosterschänke
07
702
08
Untermühlthal
Gut Sonnenhof
Waldweiher
788
738
Obermühlthal
Liegl
Maria-Elend
696
erreuth
Trischberg
Grüne Marter
Schwarzensee
738
Spöttberg
Schwarzes Kreuz
762
0
500 m
tsried
Schindelberg

HACKENSEEUMRUNDUNG

Von Kleinhartpenning um den Hackensee

7 km | 1:45 h | 130 hm | 130 hm | 180

START | Kleinhartpenning, Wanderparkplatz Hackensee, 712 m [GPS: Breite N 47.847862° Länge E 011.652123°]
CHARAKTER | Die unmarkierten Wege und Forststraßen erfordern eine gute Orientierungsgabe und stellenweise sind sie auch sehr grob
EINKEHR | Gasthaus Schreinerwirt in Kleinhartpenning

Am Hackensee

Mitten im Wald sammelt sich das Wasser des Kirchseebachs in dem bei Badegeästen, Sommerfrischlern und Wanderern beliebten Hackensee, ehe es in den Teufelsgraben fließt und dort versickert. Die tiefen Wälder um den kleinen See bieten zahlreiche Möglichkeiten für ausgedehnte Streifzüge.

Vom **Wanderparkplatz** **01** folgen wir erst einmal dem Verlauf der schmalen Hackenseestraße hinab, bis kurz vor dem Ufer des Hackensees nach rechts ein Wanderweg abzweigt und auf einem Steg über den Bach führt. Dahinter geht es scharf links herum und auf grobem Wurzelweg lange direkt am **Nordufer des Sees** 02 dahin. Auf dieser Etappe darf man nicht stolpern, denn wer unglücklich stürzt, könnte ins Wasser fallen.

Etwa an der nördlichsten Stelle des Sees weitet sich der Pfad zu einer Fahrspur, die am Seeende links abknickt. Wir folgen dieser Spur nach Süden, drehen kurz vor dem Bachlauf mit ihr rechts ab und erreichen bald darauf, direkt vor einem weiteren See eine Forststra-

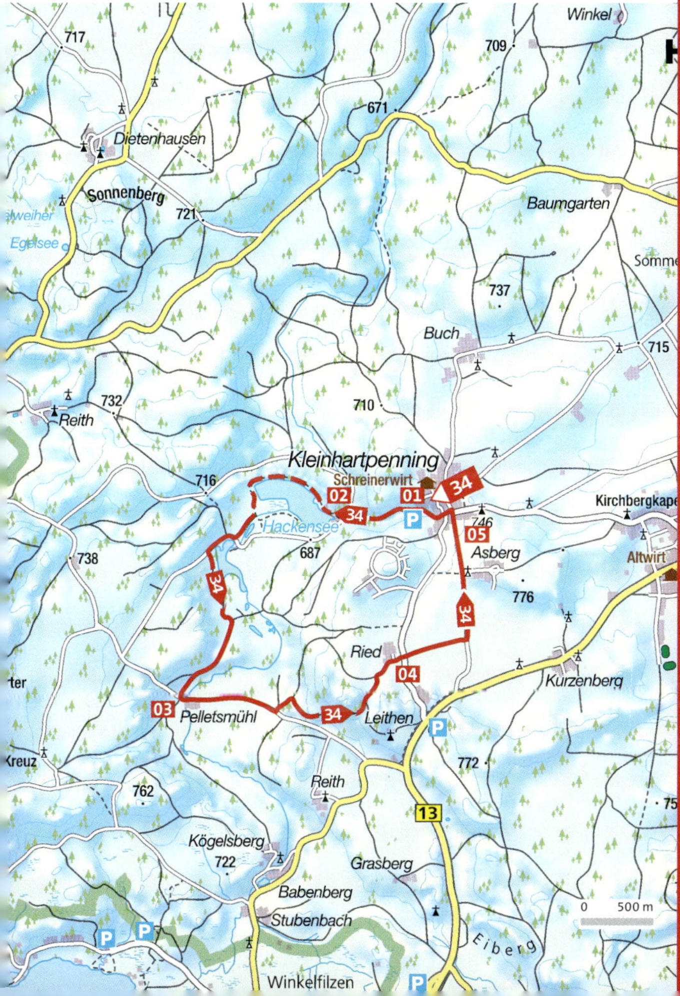

Besonders schönes Haareis im Zeller Wald

ße. Auf ihr halten wir uns rechts, steigen ein wenig auf und biegen bei der ersten Abzweigung links ein. Ein Fahrweg führt nun wieder nach Süden, verzweigt sich, wobei wir immer auf dem Hauptweg bleiben. Er schlängelt sich durch den Wald dahin, dreht im weiteren Verlauf nach links (gegen Osten) ab und führt ein wenig talwärts. Bei der dortigen Wegabzweigung biegt man rechts auf eine gute Forststraße ab.

Es geht nun gegen Süden ein wenig aufwärts, hinter der Scheitelstrecke in geringfügigem Rechtsbogen nach Südwesten hinab und in die freie Lichtung von Pelletsmühl. Dort schräg links, über die Wiese zur Straße hinaus, auf sie links einbiegen und gegen Osten weiter. Am Weiler **Pelletsmühl** 03 vorbei, wieder in den Wald hinein, und vor einer sanft nach rechts abdrehenden Steigungsstrecke müssen wir links abzweigen.

Wir wählen den rechten der beiden Wegäste, der relativ stramm nach Nordosten durch den Wald ansteigt und sich verzweigt. Dort rechts weiter, immer noch aufwärts, nach der Scheitelstrecke aus dem Wald heraus und nach **Ried** 04. An der Ortschaft südlich vorbei, die Autostraße queren und einem Feldweg gegen Osten folgen. Wieder stoßen wir auf eine Straße, auf die wir links einbiegen. Über freies Feld führt sie an Asberg vorbei und nach **Kleinhartpenning** 05 hinein. Bei der Bushaltestelle biegen wir links auf die Hackenseestraße ein und folgen ihr zum **Ausgangspunkt** 01 hinab.

Südlich des Hackensees

KLOSTER REUTBERG UND KIRCHSEE

Rundtour am Kirchsee

13 km | 4:00 h | 80 hm | 80 hm | 180

START | Klosterstüberl in Reutberg, 726 m
[GPS: Breite N 47.814980° Länge E 011.637458°]
CHARAKTER | Leichte Wanderung
EINKEHR | Klosterstüberl in Reutberg

Die Wanderung beginnt beim **Franziskanerinnenkloster in Reutberg** 01. Vom Kloster geht es auf der Straße nach Norden hinab und bei der ersten Abbiegung nach links und gegen Nordwesten zum malerischen **Kirchsee** 02.
Im Langlaufrevier geht man auf dem Fahrweg weiter und beim Bad nach links zum Seeufer hinüber, an dem man sich überlegen kann, ob man nicht doch mit den Schlittschuhen ein paar Runden drehen will, wenn man's kann.
Die weitere Route führt bis zum letzten Steg am See entlang. Dort dreht man wieder rechts ab, geht zum Kiosk und zur Straße hinaus und dann nach links zur Fischerhütte des Bezirksfischereivereins Bad Tölz. Bei der Hütte muss man den Fahrweg nach links zum Seeufer verlassen und unmittelbar neben dem Kirchsee auf einem schmalen Sträßchen nach Südwesten weitergehen.
Es geht aus dem Wald heraus, nach links auf eine schmale Asphaltstraße und gegen Süden ein wenig abfallend bis zum **Koglweiher** 03. Hinter ihm steigt die Route wieder etwas an, führt durch einen kurzen Waldgürtel und bei der folgenden Verzweigung schräg nach links weiter. Das

Mühlweiher bei Reutberg

Sträßchen verjüngt sich zu einer Traktorspur, die im Wald ein bisserl auf und ab und nach Süden weiterführt.
Auf freiem Feld stößt man nordöstlich von Hintersberg zu einer Kreuzung, geht dort geradeaus, bis auf der Höhe der Ortschaft Hintersberg die Kreisstraße zu sehen ist.

Kloster Reutberg

Die prunkvolle Barockkirche beim Franziskanerinnenkloster Reutberg ist in den Jahren 1729 bis 1735 entstanden. Allerdings geht die Klostergründung schon auf das Jahr 1606 zurück. Damals brachten Graf und Gräfin Papafaba aus Loreto ein Gnadenbild der heiligen Muttergottes nach Reutberg und ließen eine Kapelle bauen. 12 Jahre später errichtete die Gräfin dann ein kleines Kloster. Zunächst ließen sich dort drei Schweizer Kapuzinerinnen nieder, doch schon bald kamen heimische Ordensfrauen dazu.
Allmählich entwickelte sich eine Marienwallfahrt zum Gnadenbild, zu der später die Verehrung der Schwester Maria Fidelis Weiß hinzukam. Sie hat von 1902 bis 1922 im Kloster Reutberg gewirkt. Allerdings ist ihre mystische Begabung erst nach ihrem Tod bekannt geworden. Zahlreiche Gebetsbitten und Gebetserhörungen sind seitdem gemeldet worden.
Das Kloster Reutberg hat es zu Berühmtheit gebracht, für die nicht nur die Klosterkirche und die Brauerei mit ihrem hervorragenden Bier sorgten, sondern auch die weltbekannten Fatschenkindl. Mit Wachsformen aus dem 17. und 18. Jahrhundert stellen die Klosterfrauen auf Bestellung Christkindl und andere Wachsarbeiten her, die sie mit künstlerischen Golddrahtarbeiten verzieren.

Noch vor ihr führt die Route in einem ausholenden Linksbogen zur Straße hinüber und folgt ihr bis zum Hof **Kirchseemoor** 04. Dort scharf nach rechts abzweigen, auf einem Sträßchen nach Süden durch den Wald weitergehen und im Naturschutzgebiet, etwa 1 km weiter, am Ende einer Waldlichtung links abzweigen.
Nach Osten geht es nun durch das **Grötzerholz** 05 dahin, bei den Verzweigungen und beim Holzplatz abermals nach rechts, bis nach ein paar leichten Kurven in geringer Steigung eine breite

Forststraße erreicht wird. Auf ihr nach rechts und etwas ansteigend aus dem Wald heraus.
Etwa 100 m hinter dem Waldrand biegt man links ab und geht nach Norden zur Kreisstraße hinaus, der man etwa 50 m weit nach rechts folgt, um gleich darauf links einzubiegen. Es geht nun am **Neuweiher** 06 entlang, ums Nordufer rechts herum und in geringem Linksbogen zum kleinen **Mühlweiher** 07. Von ihm sieht man schon zum Kloster Reutberg hinauf, zu dem ein Wanderweg moderat ansteigt, bis man sich endlich gemütlich im Bräustüberl niederlassen kann.

MIESBACH – SCHLIERACH

Zwischen Mangfall und Schlierach

9 km | 2:30 h | 150 hm | 150 hm | 8

START | Miesbach-Bahnhof, 686 m
[GPS: Breite N 47.789957° Länge E 011.830964°]
CHARAKTER | Leichte Wanderung
EINKEHR | Gasthäuser in Miesbach

Das Schlierach- und Mangfalltal nordwestlich von Miesbach ist im Sommer ein beliebtes Wander- und Radrevier. Im Winter gehört es ausschließlich Wanderern und Langläufern. Hervorragend gespurte Loipen und geräumte Spazier- und Wanderwege finden sich in diesem schneesicheren Revier, das von einsamen Höfen, freien Feldern und Waldabschnitten geprägt ist.

Vom Bahnhofsplatz in **Miesbach** **01** folgt man kurz der Frühlingstraße nach Süden und zweigt nach rechts in die Tölzer Straße ein. Diese führt über Bahnstrecke und Schlierach und verzweigt sich sogleich. Dort schräg rechts halten und auf der Albert-Schweitzer-Straße den Berg hinauf. Man kommt an Altenheim und **Friedhof** **02** vorbei und Auf der Grün an den Waldrand heran.
Beim Langlauf-Parkplatz kurz rechts, dann wieder links und im Wald in den Schopfgraben hinunter. Hinter dem Graben geht es wieder aufwärts, zu einer Anhöhe beim Aigner und dann in ausholendem Rechtsbogen am Waldrand nach Norden an einem Wegkreuz vorbei und auf ebener Strecke zum **Baumstinglhof** **03**.

Beim **Krauthof** **04** biegt die Route links ab und führt an der idyllischen St.-Magnus-Kapelle vorbei. Dann geht es gegen Nordwesten ins Langlaufrevier hinab und bei der ersten Abzweigung hinter der Stromleitung nach rechts zum

Dieses schöne Wegkreuz steht beim Oberlinnerhof im Schlierachtal.

Thalham
Pritzl
Fuß
Grainholzer
Westin
Großpienzenau
Filzer
Moos
Gotzing
Kilian
Bernecker
Burgstall
Kleinpienzenau
724
Nudler
Linnerer
Schlierach
Mangfall
36
Winkl
Feller
Riedler
771
Still
Huber
Hof
Walch
Ponleiten
Klafflehen
Kogel
06
Köpferl
Gugg
Eberl
05
Loferer
Höger
07
Unter-
linner
Ramsenthal
Siebzger
Hofwies
Händl
Kaiser
Locher
Wallenburg
Gasteig
Hinterloher
Krauthof
Reinsberger
Potzenberg
04
Oberlinner
Kleinköpferl
Ottl
Haselsteig
Schopfgraben
Schopf
Berghalde
MIESBACH
36
472
Bayr.
Hof
Jägerbauer
Halmer
Baum-
stingl
Rauscher
08
03
Aigner
AU
02
01
36
36
Lichtenau
750
Birkner
Wachlehen
Oberhof
Baumgartner
Schweinthal
HARZBERG
Grießer
Plutzer
Harztal
Ed
472
Bach
Haid-
mühl
Böberg
Hilmer
Unter-
höger
Birkenhäusl
Anger
Mühl-
statt
Straß
Wiedmoos
Thalhammer
Voglsang
Ratzenlehen
Stoib
Pichl
Kalcher
Aberg
Rain
Floiger
800
Au
Beham
Ratzenlehen
Schönberg
Reit
Großthal
Gschwendt
307
Starz
825
Grub
Lehen
Poschmühl
Stadlberghaus
921
Biberg
Agatharied
734
Berg
828
0
500 m
Hallmannshof
800
Stürzelhof
Güntsberg
Leiten
Bodenrain
Mösl
Tiefenbach
Sonnenstatt

Der Baumstinglhof

Eberlhof 05. Die Route führt am Hof rechts vorbei und in einen meist unverspurten Graben (eiszeitliche Flutmulde) hinein, durch den sie bis kurz vor die Mangfall abfällt.

Sonnige Waldetappe bei Winkl

In einer Waldlichtung wird ein breiter Fahrweg erreicht, dem man nach rechts (gegen Nordosten) folgt, bis sich nach weiter Strecke hinter einem Wegkreuz die Straße kreuzt. Dort scharf rechts abbiegen, um einem Fahrweg nach Süden hinauf zu folgen. Auf ihm im Wesentlichen in der gleichen Richtung weiter und in der Nähe von Winkl aus dem Wald heraus. Beim Walchhof biegt man nach rechts auf einen etwas breiteren Fahrweg ein und gleich darauf, beim **Klafflehen** 06 geht es links herum auf ein noch breiteres Sträßchen. Auf ihm am **Reiterhof Unterlinner** 07 vorbei, nach Süden in den Wald hinein, an Schopf vorbei und zum Miesbacher Ortsteil Schopfgraben hinab. Hinter der **Schlierachbrücke** 08 schräg rechts in die Schützenstraße einbiegen und zuletzt auf der Wallenburger Straße zum Bahnhof zurück.

BLOMBERGHAUS • 1203 m

Von Stallau zum Blomberghaus

10 km 3:00 h 530 hm 530 hm 182

START | Talstation der Blombergbahn in Stallau bei Bad Tölz, 718 m [GPS: Breite N 47.747762° Länge E 011.515796°]
CHARAKTER | Grundsätzlich leichte Wanderung; bei Schneelage oder Vereisung braucht man Leichtsteigeisen (Grödel)
EINKEHR | Blomberghaus

Glauben Sie niemanden, der erzählt, er wäre auf dem Blomberg gewesen! Der Blomberg ist ein 1248 m hoher Waldgipfel, auf den nicht einmal ein Weglein hinaufführt. Knapp darunter gibt es eine kleine Jagdhütte und einen Sendemasten der Bundeswehr. Höchst selten schlägt sich jemand durchs Unterholz auf diesen aussichtslosen Gipfel.
Die vermeintlichen Blombergwanderer waren entweder beim Blomberghaus, auf dem benachbarten Heiglkopf (der im Dritten Reich „Hitlerberg" genannt wurde) oder auf dem interessanten und äußerst beliebten **Zwieselberg**.
Alle genannten Gipfel, mit Ausnahme des Blombergs selber, werden auch im Winter bestiegen. Wenn der Schnee meterhoch liegt, gehören diese Bergziele den Skitourengehern, die normalerweise von der Waldherralm über die Sauersberger oder die Gassenhofer Alm heraufkommen. Lassen wir die Tourengeher auf ihrer Bergseite in Ruhe und trampeln wir nicht in ihren Fellspuren herum. Sie haben sie mühsam anlegen müssen, und wenn die Skispuren durch tiefe Fußabdrücke zerstört sind, kann der Aufstieg für Skifahrer sogar gefährlich werden.
Da ist der Anstieg auf der Blombergstraße von Stallau herauf schon viel bequemer. Die Bundeswehr betreibt am Blomberg eine Sendeanlage und deshalb wird

Das Blombergsportfest

Auf den Wiesen unter dem Blomberghaus veranstaltet der Turnverein Bad Tölz seit 1907 jedes Jahr das Blombergsportfest. Dabei werden bekannte und weniger alltägliche sportliche Disziplinen ausgetragen. Weitsprung, Schlagball, Pendelstaffel und Steinstoßen gehören dazu. Eine Spezialität ist dabei der „Tölzer Fünfkampf", bei dem um den August-Moralt-Gedächtnispokal geschwitzt wird. Wenig bekannte Sportarten wie Hoch-Weit-Sprung, Kugel-Zielstoß-Wurf, Prügel-Weitwurf und das Ranggeln werden ausgetragen, um den „König vom Blomberg" zu ermitteln.

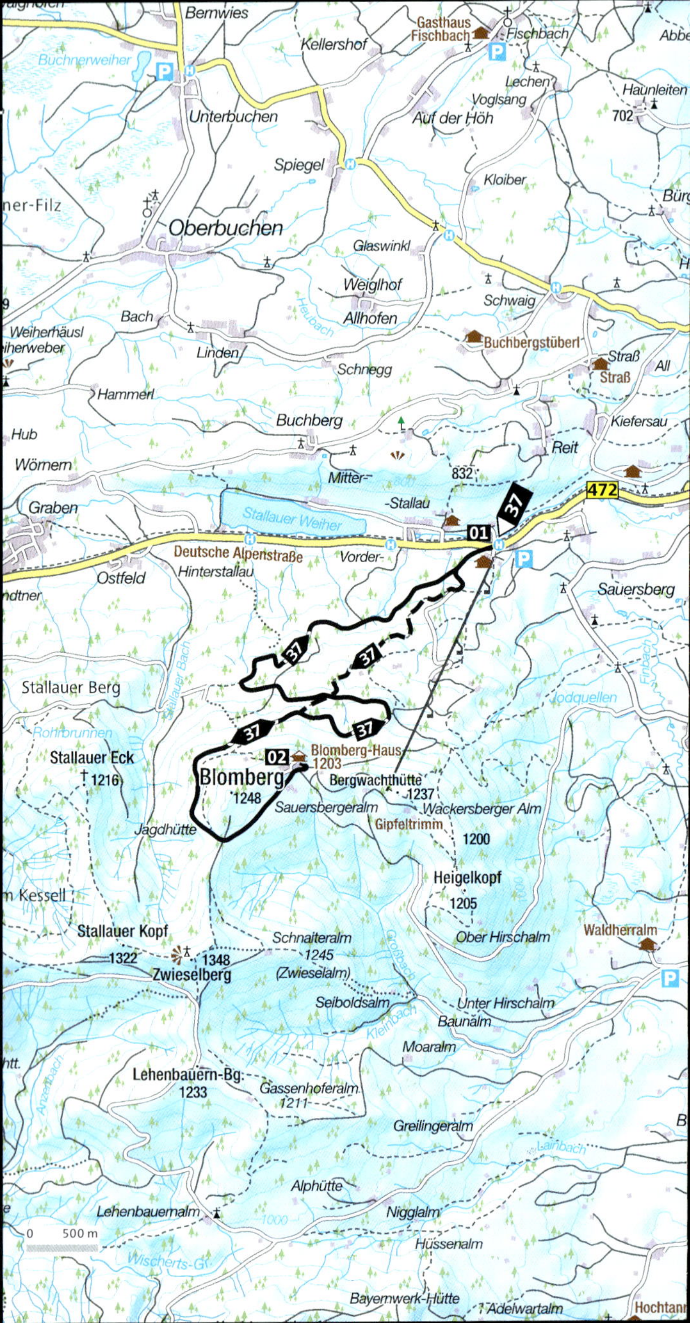
Bernwies
Buchnerweiher
Kellershof
Gasthaus Fischbach
Fischbach
Abbe
Lechen
Haunleiten
Voglsang
702
Unterbuchen
Auf der Höh
Spiegel
Kloiber
ner-Filz
Oberbuchen
Glaswinkl
Weiglhof
Schwaig
Heubach
Bach
Allhofen
Weiherhäusl
iherweber
Linden
Buchbergstüberl
Straß
Straß
All
Schnegg
Hammerl
Buchberg
Kiefersau
Hub
Reit
Wörnern
Mitter-
800
832
-Stallau
472
37
Graben
Stallauer Weiher
01
Deutsche Alpenstraße
Vorder-
Hinterstallau
Ostfeld
Sauersberg
37
37
Stallauer Bach
Finbach
Stallauer Berg
Jodquellen
37
37
Rohrbrunnen
02
Blomberg-Haus
1203
Stallauer Eck
1216
Blomberg
Bergwachthütte
1248
1237
Sauersbergeralm
Wackersberger Alm
Gipfeltrimm
Jagdhütte
1200
Heigelkopf
1205
Kessell
1000
Stallauer Kopf
Ober Hirschalm
Waldherralm
Schnaiteralm
1322
1348
1245
Zwieselberg
(Zwieselalm)
Großbach
Seiboldsalm
Unter Hirschalm
Kleinbach
Baunalm
Moaralm
Anzenbach
Lehenbauern-Bg.
1233
Gassenhoferalm
1211
Greilingeralm
Lainbach
Alphütte
Lehenbauernalm
1000
Nigglalm
0 500 m
Hüssenalm
Wischerts-Gr.
Bayernwerk-Hütte
Adelwartalm
Hochtanl

Vom Gipfel des Zwieselbergs zeigt sich der verschneite Isarwinkel mit den Bergeshöhen des Mangfallgebirges

die Straße so unterhalten, dass sie auch im tiefsten Winter für Militärfahrzeuge befahrbar und für winterharte Wanderer gut begehbar ist. Außerdem kommen der Hüttenwirt, die Bergwacht und der Jäger mit dem Auto herauf. Und weil das noch nicht reicht, strampeln auch im tiefsten Winter bei grimmigen Temperaturen und eisglatter Fahrbahn unentwegte Mountainbiker tief vermummt und eingepackt auf dieser Straße bergwärts. Wer genau hinschaut, wird bemerken, dass sie Reifen mit Spikes aufgezogen haben; nur so gibt es für sie auf der Eispiste überhaupt eine Überlebenschance.

▶ Die nette Winterwanderung beginnt bei der **Talstation der Blombergbahn 01**. Zuerst geht man an den Gebäuden der Bergbahn westlich (rechts) vorbei und folgt der breiten, zum Blomberghaus beschilderten Straße, die sich bald verzweigt. Dort links abbiegen und kurz auf der Rodelbahn weiter. Dabei muss man sehr aufpassen, wenn Rodelbetrieb ist. Die Bahn ist meistens sehr glatt und die Rodler kommen mitunter mit hoher Geschwindigkeit daher. Lange geht man nicht auf der Rodelbahn hinauf (was übrigens verboten ist), denn schon bald zweigt nach rechts der alte Zwieselweg ab. Er wird heute als Rückeweg (Holzabfuhrweg) verwendet und von schweren Holzbearbeitungsmaschinen befahren. Deshalb befindet er sich bisweilen in beklagenswertem Zustand.

Im dichten Wald steigt er mäßig steil gegen Südwesten an, und mehrmals zweigen schmale Schlepperspuren von ihm ab. Die Route führt immer auf dem Hauptweg dahin, der sich in ein paar Bögen durch den Wald den Berg hinaufschwingt. Dabei

Winterwald unter dem Zwieselberg

kommt man zwar immer wieder durch kleinere Waldlichtungen, doch berauschende Ausblicke gibt es leider nicht.

In so einer Lichtung zweigt auf der Höhe von 935 m nach links ein kurzer Stich zu einer Jagdhütte ab. Dort geradeaus weiter und wieder in sehr dichten Wald hinein.

Schließlich stößt der alte Zwieselweg wieder zur Fahrstraße, die schräg nach rechts zu queren ist. Nun geht es im Wald geradeaus gegen Südwesten weiter, bis man in der Höhe von 1010 m noch einmal auf die breite Straße stößt. Man folgt ihr nun schräg rechts haltend in gemäßigter Steigung.

Nach einer leichten Kehre vor einem längeren, geraden Straßenstück zweigt in der Höhe von 1066 m nach links ein Treppenweg ab. Er ist nicht ganz einfach zu finden, und wer unbedingt diesen Steig begehen will, sollte genau aufpassen. Wenn nicht arg viel Schnee liegt, ist er eine interessante Alternative zur monotonen Fahrstraße.

Ein paar Meter geht es etwas steil hinauf, dann dreht der Weg rechts ab, führt kurz durch dichtes Unterholz und dann parallel zur Straße anfangs gegen Südwesten, später mit dem Straßenverlauf in einem Linksbogen gegen Süden weiter. Nach einer Flachetappe wird eine Wegkreuzung erreicht. Ein Holzweg steigt von dort scharf links abbiegend im Wald an, einer fällt zur Straße ab und der, auf dem die Route weiterführt, verläuft gering ansteigend ein wenig links haltend weiter. Diese Schlepperspur fällt im weiteren Verlauf ein paar Meter ab und stößt schließlich zur breiten Straße. Man folgt ihr in der gleichen Richtung hinauf und erreicht eine ausholende Linkskehre.

Von dort könnte man (je nach Schneehöhe) in einer halben bis einer ganzen Stunde anfangs durch eine schmale Waldlichtung, später auf freiem Rücken zum Gipfelkreuz des aussichtsreichen Zwieselbergs, 1348 m, hinauf- und wieder hinuntergehen.

Der Weiterweg zum Blomberghaus verläuft auf dem relativ flachen Fahrweg anfangs noch im Wald, dann auf freien Wiesen, an der Sportstätte (siehe Tippkasten) vorbei und schließlich zum **Blomberghaus 02**. Dort ist die Tour zu Ende. Gleich neben dem Blomberghaus gibt es eine Wald-Kletteranlage, ein so genannter Hochseilgarten, in dem man sich ein bisserl austoben kann.

Für den Abstieg bieten sich mehrere Varianten an. Eine führt entlang der Aufstiegsroute, eine andere auf der weit ausholenden Fahrstraße und die dritte gegen Osten zur Bergstation der Blombergbahn und auf der Rodelbahn zum **Ausgangspunkt 01** zurück. Auf der steilen Rodelbahn darf man allerdings nur absteigen, wenn kein Rodelbetrieb ist; Vorsicht Vereisung!

LENGGRIES – BAD TÖLZ

Durch den Isarwinkel

12 km | 3:00 h | 20 hm | 20 hm | 182

START | Lenggries, Bahnhof, 678 m
[GPS: Breite N 47.680028° Länge E 011.573003°]
CHARAKTER | Leichte Wanderung
EINKEHR | Cafés, Gasthäuser und Hotels in Lenggries, Arzbach und Bad Tölz

Die Isar bei Arzbach; hinten der Geierstein

Diese Wanderung zwischen Lenggries und Bad Tölz führt über lange Strecken durch die schützenswerte Isarau, in deren Gebüsch seltene Tiere leben. Auf den Kiesbänken der Isar brüten im Frühling geschützte Vögel. Man sollte sich rücksichtsvoll verhalten und die Tierwelt in ihrer Wintersnotzeit unbehelligt lassen.

Bei Hochwasser wird die Au im Schatten der Isarwinkler Berge oft kräftig überspült. Mit dem Wasser werden Samen von seltenen Alpenblumen angeschwemmt, die dort in relativ tiefer Lage eine Heimat gefunden haben. Winterwanderer werden aber davon nicht viel sehen können.

Eine Attraktion ist das Voralpenstädtchen Bad Tölz. Besonders schön ist es dort, wenn der Christkindlmarkt stattfindet, der Freunde aus nah und fern gefunden hat.

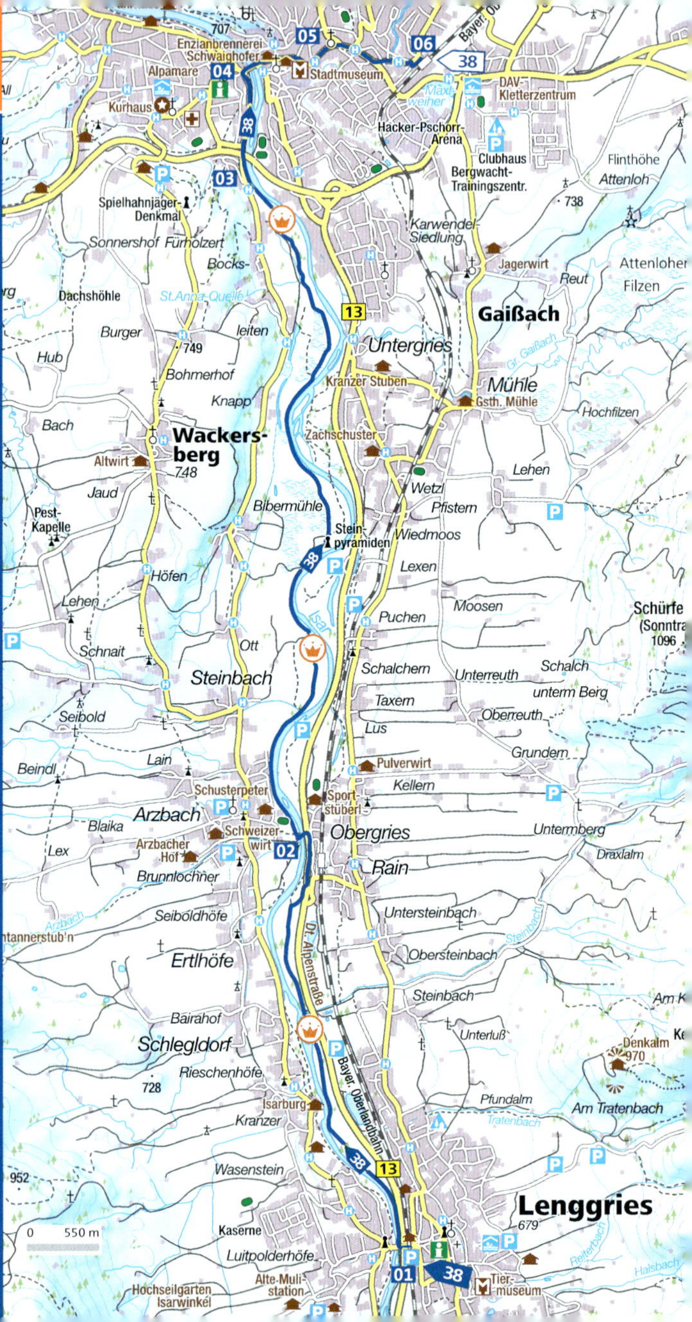
Enzianbrennerei
Schwaighofer
Alpamare
Kurhaus
Stadtmuseum
DAV-Kletterzentrum
Hacker-Pschorr-Arena
Clubhaus
Bergwacht-Trainingszentr.
Spielhahnjäger-Denkmal
Sonnershof
Fürholzer
Bocks-leiten
Karwendel-Siedlung
Jagerwirt
Reut
Flinthöhe
Attenloh
738
Attenloher Filzen
Dachshöhle
St.Anna-Quelle
Gaißach
Burger
749
Untergries
Hub
Bohmerhof
Kranzer Stuben
Mühle
Gsth. Mühle
Hochfilzen
Knapp
Bach
Wackersberg
748
Zachschuster
Altwirt
Lehen
Jaud
Wetzl
Pfistern
Bibermühle
Pest-Kapelle
Stein-pyramiden
Wiedmoos
Lexen
Höfen
Moosen
Lehen
Puchen
Schürfe
Isar
Ott
Schnait
Schalchern
Unterreuth
Schalch
unterm Berg
Steinbach
Taxern
Seibold
Oberreuth
Lus
Grundern
Lain
Pulverwirt
Beindl
Kellern
Schusterpeter
Sport-stüberl
Arzbach
Blaika
Schweizer-wirt
Obergries
Untermberg
Lex
Arzbacher Hof
Draxlalm
Rain
Brunnlochner
Untersteinbach
Seiboldhöfe
Arzbach
Steinbach
Ertlhöfe
Obersteinbach
Dr. Alpenstraße
Steinbach
Bairahof
Unterluß
Schlegldorf
Denkalm
970
Rieschenhöfe
728
Bayer. Oberlandbahn
Pfundalm
Isarburg
Am Tratenbach
Kranzer
Tratenbach
Wasenstein
952
Lenggries
679
Kaserne
0
550 m
Luitpolderhöfe
Alte-Muli-station
Tier-museum
Hochseilgarten Isarwinkel
Reiterbach
Halsbach
Maxlweiher
Gr. Gaißach

Beginnen wir direkt beim Bahnhof der Oberlandbahn in **Lenggries** 01. Von dort geht es auf der Isarstraße nach Norden und dann nach links auf die Brücke über die Bundesstraße 11. Von der Brücke zweigt eine Treppe ab, auf der man zum Damm zwischen Autostraße und Isar hinabkommt. Auf ihm verläuft ein Wander- und Radweg nach Norden.

Zwischen Hecken und Wald bringt er den Winterwanderer recht beschaulich dahin, bis er beim Steinbach auf ein paar Meter zur stark befahrenen Bundesstraße hinaus muss. Gleich darauf dreht der Weg wieder nach links in die Au ab und

Bad Tölz

Die Wurzeln der Isarstadt reichen bis ins frühe 13. Jahrhundert. Wegen seiner Lage an der Isar, an der Schnittstelle von zwei wichtigen Salzhandelswegen, hat es Tölz zu großer historischer Bedeutung und Reichtum gebracht.

Auch die Isar war wegen ihrer Befahrbarkeit mit Flößen eine bedeutsame Handels- und Verkehrsverbindung, die den Wohlstand der Tölzer Bevölkerung mehrte. Vor allem Holz und Kalk als Baumaterial waren mit die wichtigsten Verkehrsgüter auf der Isar. Aber auch andere kostbare Waren, die z. T. aus Italien kamen, wurden von Mittenwald über Tölz auf den Flößen nach München und darüber hinaus transportiert. Dazu gehörten Gewürze, Stoffe, Olivenöl und vor allem Wein, der bis weit ins 16. Jahrhundert das bayerische Hauptgetränk war. Das Bier brachte es erst später zu dieser Ehre.

Mit dem Bau der Eisenbahn hat der Handel für Tölz beachtlich an Bedeutung verloren.

Heute wird die Flößerei nur noch zur Gaudi durchgeführt.

Winterliches Isarwandern

Knackiger Wintertag in Arzbach unter der Benediktenwand

führt auf Arzbach zu. Kurz vor dem Dorf quert ein **Steg** 02 die **Isar** nach links und gleich darauf geht es auf der Westseite des Flusses nach Norden weiter. Man kann auf dem alten (nicht geräumten) Dammweg gehen, oder man hält sich ein wenig links davon, um auf einer guten, breiten Promenade zu flanieren. So geht es lange ohne Stress und ohne spürbare Steigung durch die **Isarau** dahin, bis beim Wiedmoos nach rechts ein Weg abzweigt, der zum Isarbett hinabführt. Dort standen zahlreiche aufgeschlichtete Schotterpyramiden, die es zu regionaler Berühmtheit gebracht hatten. Sie wurden von einem zugereisten Isarwinkler aufgebaut, der sich mittels einer Spendenbüchse ein kleines Zubrot verdienen musste. Seine „Kunstwerke" sind von einem kräftigen Hochwasser zum großen Teil weggerissen worden. Nur in den etwas höher gelegenen Flächen stehen sie noch.

Schon bald hinter den Pyramiden kommt man am ehemaligen Moralt-Holzwerk vorbei und bei der **Brücke der Bundesstraße 472** 03 auf die Arzbacher- und die Bockschützstraße, die in die Stadt hineinführen. Am **Amortplatz** 04 muss man rechts abzweigen, über die Isar gehen und geradeaus in die Altstadt hinein. Wenn im Advent die Altstadt vorweihnachtlich geschmückt ist und der berühmte Christkindlmarkt stattfindet, ist es dort besonders schön.

Man geht durch die Altstadt hinauf, auf der Sandstraße an der **Mühlfeldkirche** 05 vorbei, weiter vorne nach links auf die Bahnhofstraße und auf ihr zum **Bahnhof** 06, wo die Wanderung endet. Mit der Oberlandbahn kann man nach Lenggries oder vielleicht gleich nach Hause reisen.

SCHÜRFENKOPF • 1096 m

Über die Sonntraten

4 km | 2:00 h | 390 hm | 390 hm | 182

START | Gaißach-Grundern, 715 m
[GPS: Breite N 47.712624° Länge E 011.588547°]
CHARAKTER | Leichte Wanderung, auf der normalerweise nicht mit Schwierigkeiten zu rechnen ist
EINKEHR | Keine

Traten heißen die Weideflächen, die vom Tal aus meist von Jungvieh beweidet werden. Da diese Wiesenhänge am Schürfenkopf südseitig liegen und deshalb besonders sonnig ausfallen, werden sie „Sonntraten“ genannt. Der unscheinbare Gipfel selber heißt Schürfenkopf und liegt mitten im Wald versteckt.

Vom großen **Wanderparkplatz südöstlich von Grundern** 01 gehen wir etwa 50 m weit auf der Straße gegen Südosten und dann nach links auf einen Fahrweg. Der Anstieg führt schon bald an einem Stadel vorbei, und dort gehen wir nach links weiter.
Auf breitem Schotterweg nun nach Norden weiter und in wech-

Die Sonntraten sind selten so stark verschneit

Von den Hängen der Sonntraten sieht man über den Isarwinkel auf Zwieselberg und Heigelkopf

selnder Steigung den Berg hinauf. Auf der Höhe von etwa 800 m kommt man aus dem schütteren Wald heraus, und dort schnürt sich die Fahrspur zu einem schmalen, aber guten Bergweg zusammen. Nun auf dem Treppenweg in ein paar Kehren relativ steil den Hang hinauf und mehrmals durch **Weidegatter** (02, 03, 04).

Beim Bankerl auf etwa **1000 m Höhe** 05 links abdrehen, wieder in den Wald hinein und an seinem oberen Rand eine Fahrspur queren. Über eine freie Wiese zur **Ruhebank** 06 und dann auf dem Bergweg unter der Gipfelwiese in den Wald hinein und zum kleinen Kreuz auf dem **höchsten Punkt** 07 hinauf.

Der schönste Aussichtsplatz ist übrigens nicht auf der Gipfelwiese, sondern knapp darunter, beim Ruhebankerl direkt am Weg.

Der Abstieg verläuft normalerweise entlang der Aufstiegsroute. Eine nette Alternative für den Rückweg verläuft das erste Stück bis zum Querweg am Waldrand entlang der Aufstiegsroute. Dort aber links halten und auf der Fahrspur bis zum Ende des Waldes nach Osten weiter und über eine Wiese nach Süden hinab. Auf Fahrwegen in mehreren ausholenden Kehren talwärts und wieder zur Aufstiegsroute. Auf ihr die letzten Meter zurück.

Isarwinkler Bauweise eines Regenablaufs an der Hütte auf dem Schürfenkopf

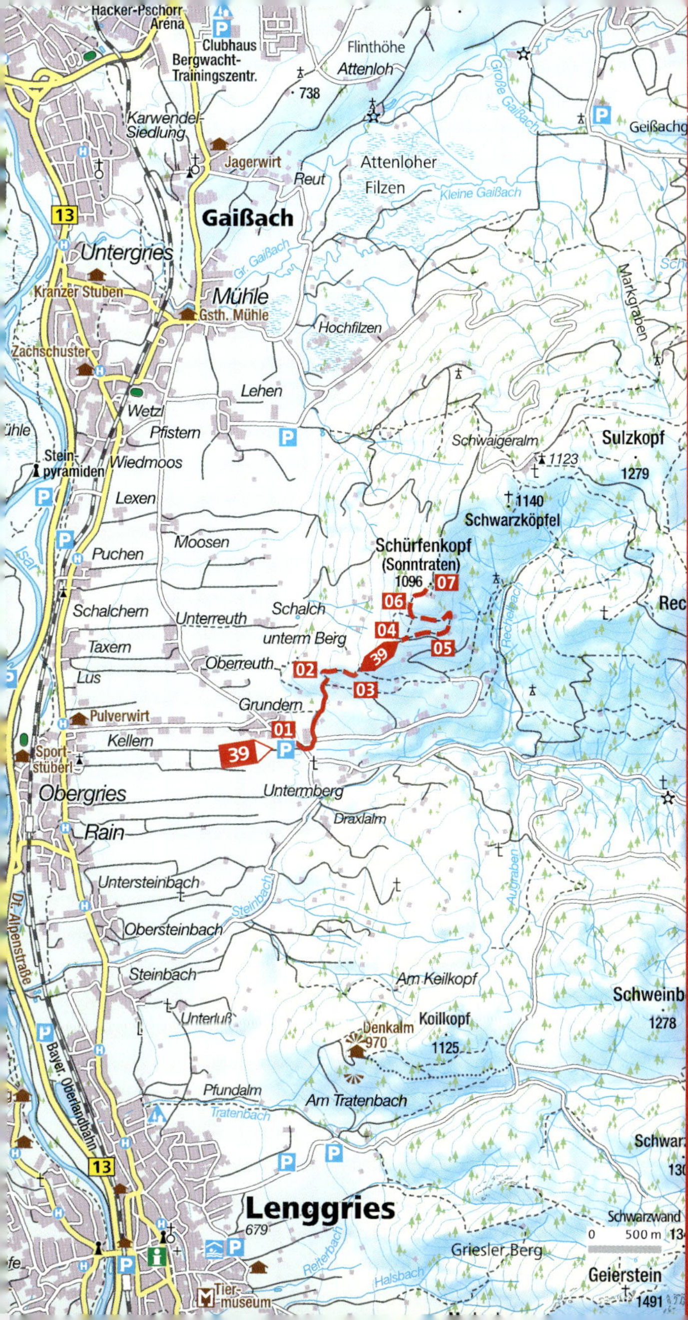
Hacker-Pschorr-Arena
Clubhaus Bergwacht-Trainingszentr.
Flinthöhe
Attenloh
738
Große Gaißach
Geißachg
Karwendel-Siedlung
Jagerwirt
Reut
Attenloher Filzen
Kleine Gaißach
13
Gaißach
Untergries
Gr. Gaißach
Kranzer Stuben
Mühle
Gsth. Mühle
Markgraben
Hochfilzen
Zachschuster
Lehen
Wetzl
Pfistern
Schwaigeralm
1123
Sulzkopf
1279
Stein-pyramiden
Wiedmoos
1140
Lexen
Schwarzköpfel
Moosen
Schürfenkopf (Sonntraten)
Puchen
1096
07
06
Schalchern
Schalch
Unterreuth
04
Rechelbach
unterm Berg
05
Taxern
Oberreuth
39
02
Lus
03
Grundern
Pulverwirt
01
Kellern
39
Sport-stüberl
Obergries
Untermberg
Draxlalm
Rain
Augraben
Untersteinbach
Steinbach
Obersteinbach
Dt. Alpenstraße
Steinbach
Am Keilkopf
Schweinb
1278
Unterluß
Denkalm
970
Koilkopf
1125
Bayer. Oberlandbahn
Pfundalm
Am Tratenbach
Tratenbach
Schwarz
13
Lenggries
679
Schwarzwand
0
500 m
Griesler Berg
Reiterbach
Halsbach
Geierstein
1491
Tier-museum
Isar

LENGGRIESER HÜTTE • 1338 m

... und vielleicht auch noch aufs Seekarkreuz

14 km | 4:00 h | 640 hm | 640 hm | 182

START | Hohenburg bei Lenggries, 700 m
[GPS: Breite N 47.671238° Länge E 011.591983°]
CHARAKTER | Bei Vereisung sind am Sulzersteig Grödel unerlässlich, sonst wird dieser Weg sehr gefährlich
EINKEHR | Lenggrieser Hütte

Auf dieser beliebten Winterwanderung wird man kaum alleine sein, denn die Lenggrieser Hütte ist ein beliebtes Bergwirtshaus zum Einkehren oder nur zum Kaffeetrinken. Wer sich sogar noch einen Gipfel zutraut, wird auf dem 1601 m hohen Seekarkreuz mit großartiger Rundschau belohnt.

▶ Vom **Wanderparkplatz in Hohenburg 01** geht man am Schloss

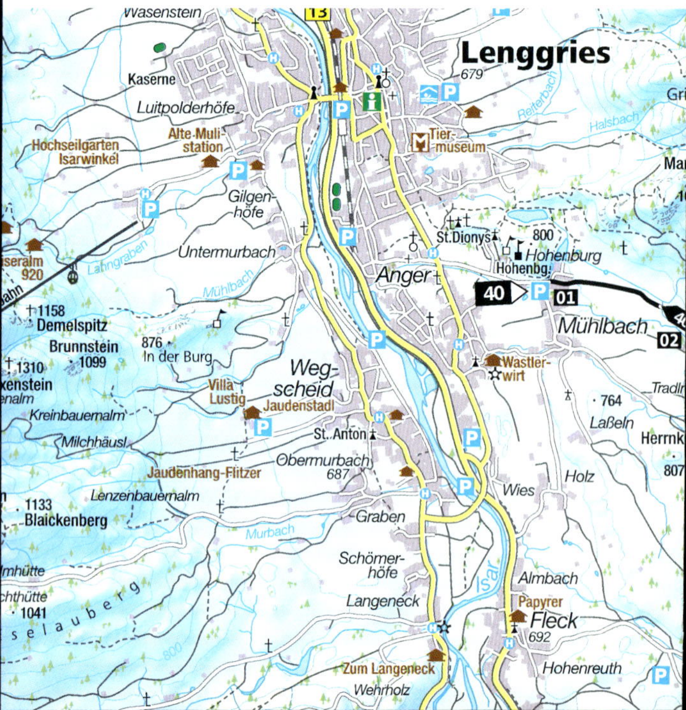

vorbei und auf einem Fahrweg gegen Osten über **Geisreuth** **02** ins Hirschbachtal hinein. Lange bummelt man auf dem etwas monotonen Sträßchen dahin, bis bei der Verzweigung unter der **Stickelalm** **03** nach rechts die Route abzweigt. Anfangs am Fahrweg gegen Südosten hinauf und bei der Linkskurve der Straße geradeaus auf den **Sulzersteig** **04** einschwenken. Nach rechts auf einem Steg den Bach queren und auf gutem, aber stellenweise etwas steilen Steig lange gegen Südosten in Kehren hinauf. Im weiteren Verlauf kaum merklich etwas nach rechts (Süden) schwenken und vor der **Seekaralm** **05** aus dem Wald heraus. Auf den freien Almwiesen des Seekars fast eben an der Seekaralm vorbei und

Wegtafeln im Hirschtal

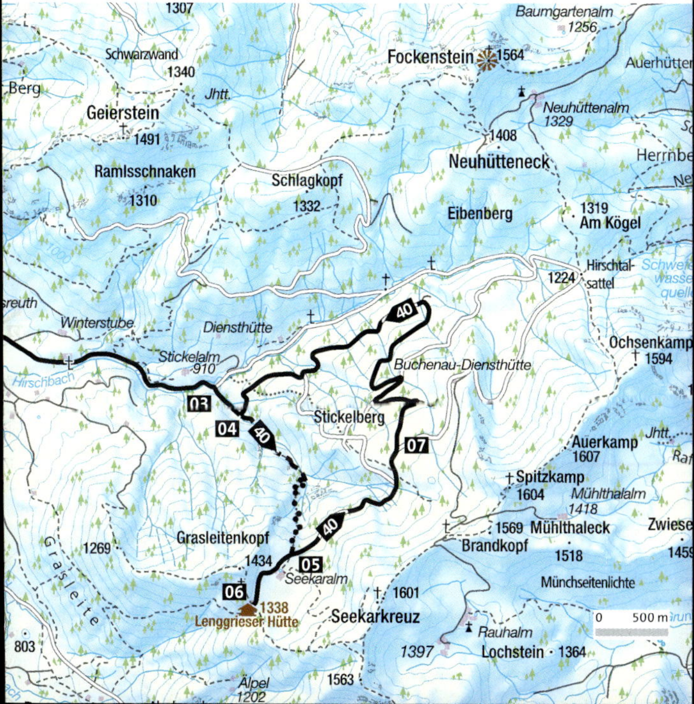

Von der Lenggrieser Hütte auf das Seekarkreuz

Der sportliche Gipfelanstieg verläuft auf einem sehr gut ausgebauten Bergweg in weitem Bogen nach Osten durch den Wald hinauf, bis schließlich der freie, aussichtsreiche Gipfelrücken erreicht wird. Über ihn geht es nun nach Norden weiter und die letzten Meter zum Gipfelkreuz auf stolzen 1601 m Höhe werden dann doch noch recht steil und mühsam.
Man muss nicht unbedingt zur Lenggrieser Hütte zurück, wenn man vom Gipfel gleich ins Tal absteigen möchte. Einfacher und deutlich einsamer wäre der Abstieg vom Gipfel über den breiten Nordostrücken in Richtung Brandkopf, bis eine weite Einsenkung erreicht ist. Von dort fällt ein schmaler Fahrweg gegen Norden ab, mündet auf ein breiteres Sträßchen, das durch ein paar Kehren fast eben im Wald in der gleichen Richtung bis zum Hirschtalsattel führt. Dort knickt der Rückweg links ab und führt auf einer breiten Forststraße durch das Hirschtal bis zum Ausgangspunkt in Hohenburg.

ein wenig nach rechts auf einen Fahrweg zuhalten. Auf ihm zur **Lenggrieser Hütte 06**.
Der Abstiegsweg verläuft anfangs entlang der Aufstiegsroute. Kurz bevor man wieder in den Wald hineinkommt rechts am Fahrweg bleiben und ziemlich eben gegen Nordosten weiter. In einer Rechtskehre des Sträßchens zweigt am **Stickelberg 07** eine Forststraße links ab und fällt in zwei ausholenden Kehren gegen Norden ab. Dann stößt sie auf einen weiteren Fahrweg, dem man kurz nach rechts folgt, um bei der anschließenden Verzweigung links weiterzugehen. Hoch über dem Hirschtal führt diese Straße nach einem Linksbogen gegen Südwesten zur Abzweigung des Sulzersteigs hinaus, wo die Aufstiegsroute wieder erreicht wird. Auf ihr bis zum Ausgangspunkt zurück.

Die Lenggrieser Hütte bei Schneefall

HIRSCHBERG • 1670 m

Winterbergtour

12 km 4:20 h 950 hm 950 hm 8 182

START | Scharling-Leiten, 820 m
[GPS: Breite N 47.666223° Länge E 011.747625°]
CHARAKTER | Das Stapfen im Schnee verlangt gute Kondition und Ausdauer; Lawinengefahr unter dem Hirschberghaus!
EINKEHR | Hirschberghaus

Vom Gipfelrücken des Hirschbergs sieht man bis in das Wettersteingebirge

Der Hirschberg gilt zu allen Jahreszeiten als sehr geschätzter Aussichts- und Wandergipfel. Da der Berg auch als Skitourenziel (über Brunnbichlabfahrt und Rauheckalm) sehr beliebt ist, sollte man auf jeden Fall vermeiden, die Skispuren zu betreten, die sich die Tourengeher mit viel Mühe anlegen mussten. Durch die tiefen Abdrücke von Stiefeln oder Schneeschuhen würde die Spur zerstört und bei späterer Vereisung eine erhebliche Gefahr für Tourengeher bedeuten. Leider fehlt vielen Wanderern dafür die Einsicht.
Ab der Talstation der Materialseilbahn kann man in schneidiger Fahrt mit dem Schlitten bis Scharling hinaussausen.

▶ Vom **Parkplatz in Leiten** 01 folgt man dem Hirschbergweg nach Westen durch den Ort und hält sich bei der Verzweigung schräg rechts. Dort beginnt auf einer Forststraße die Rodelbahn, die lange durch den Wald gegen Westen ansteigt und an Reitlstein und Bolzeck vorbei zur Talstation der **Materialseilbahn** 02 führt, mit der das Hirschberghaus versorgt wird.
Bei der Seilbahnstation links abzweigen und auf dem Wanderweg in Kehren steil hinauf, bis sich die Route verzweigt. Bei Schneelage (also wenn Lawinengefahr bestehen kann) muss man links abbiegen und dem Winterweg stellenweise sehr steil nach Süden hinauf folgen, bis man fast auf dem Vorgipfel des Hirschbergs, dem Kratzer (1545 m) ankommt. Von ihm geht es gegen Westen zum **Hirschberghaus** 03 hinunter. Der weitere Weg führt von der

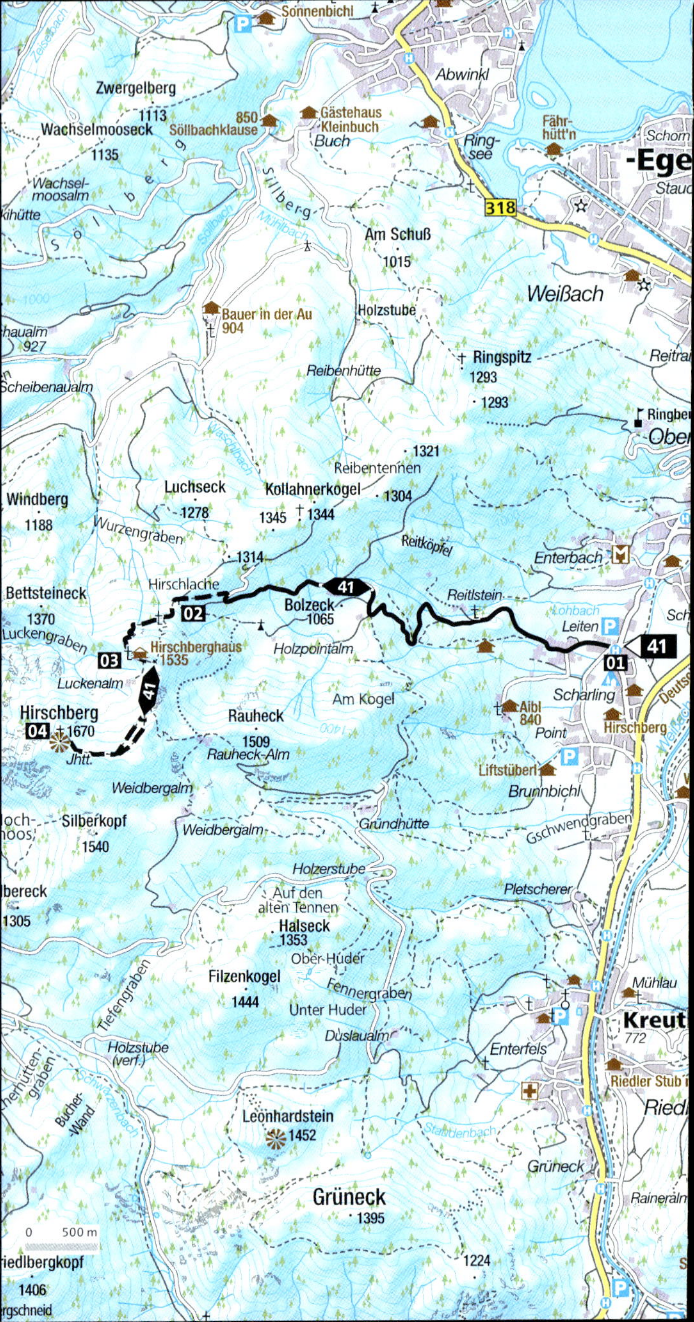
Sonnenbichl
Abwinkl
Zwergelberg
1113
Wachselmooseck
1135
850
Söllbachklause
Gästehaus
Kleinbuch
Buch
Ring-
see
Fähr-
hütt'n
Schorn
-Ege
Staud
318
Wachsel-
moosalm
Söllberg
Söllbach
Mühlbach
Am Schuß
1015
Weißbach
Bauer in der Au
904
Holzstube
927
Scheibenaualm
Reibenhütte
Ringspitz
1293
1293
Reitrai
Ringber
Ober
1321
Reibentennen
Luchseck
1278
Kollahnerkogel
1304
1345
1344
Windberg
1188
Wurzengraben
Waschlbach
Reitköpfel
Enterbach
1314
Hirschlache
41
Bettsteineck
1370
02
Bolzeck
1065
Reitlstein
Lohbach
Leiten
41
01
Luckengraben
Hirschberghaus
1535
03
Holzpointalm
Luckenalm
41
Am Kogel
Scharling
Aibl
840
Hirschberg
Hirschberg
04
1670
Rauheck
1509
Rauheck-Alm
Point
Jhtt.
Liftstüberl
Brunnbichl
Weidbergalm
Silberkopf
1540
Weidbergalm
Gründhütte
Gschwendgraben
Holzerstube
Pletscherer
Auf den
alten Tennen
1305
Halseck
1353
Ober-Huder
Filzenkogel
1444
Fennergraben
Mühlau
Unter Huder
Kreut
772
Tiefengraben
Duslaualm
Holzstube
(verf.)
Enterfels
Riedler Stub'n
Riedl
Bucher-
Wand
Schwarzenbach
Leonhardstein
1452
Staudenbach
Grüneck
Grüneck
1395
Raineralm
0
500 m
1224
Riedlbergkopf
1406

Schneeschuhgeher am Hirschberg

Bergwirtschaft nach Süden, bis sich die Route verzweigt, was man bei hoher Schneelage aber kaum erkennen wird. Dort rechts halten, über einen Latschenhang und gemütlich durch eine Senke, mit mehreren fast immer schneefreien Dolinen. Zuletzt etwas steiler zum **Gipfel 04** hinauf.

Der Abstieg verläuft entlang der Aufstiegsroute.

Es ist nicht sinnvoll, auf der Skitourenroute über Rauheck und auf der Brunnbichlabfahrt abzusteigen. Sie ist – vornehmlich im unteren Bereich – für Wanderer völlig ungeeignet, denn die Brunnbichlabfahrt ist oft vereist und für Fußgänger sehr gefährlich.

Blick vom Hirschbergrücken ins Karwendel

Aus dem Söllbachtal herauf

Bei sehr geringer Schneelage oder aperen Verhältnissen, wie sie auch im Winter vorkommen, kann man von Bad Wiessee durch das Söllbachtal über den Bauern in der Au bis zur Talstation der Materialseilbahn aufsteigen, von wo es wie oben beschrieben, zum Gipfel weitergeht. Diese Route ist nur für gute Wegverhältnisse – keinesfalls bei Vereisung oder hoher Schneelage – geeignet.

KÖNIGSALM UND SCHILDENSTEIN • 1611 m

Bergtour über Wildbad Kreuth

12 km 4:45 h 850 hm 850 hm 8

START | Winterstube bei Wildbad Kreuth, 830 m
[GPS: Breite N 47.621558° Länge E 011.713532°]
CHARAKTER | Bis zur Königsalm einfache Wanderung auf breitem, streckenweise steilem Fahrweg; der Weiterweg zum Schildenstein ist eine stramme Bergtour, die perfekte Winterausrüstung (evtl. Schneeschuhe) verlangt und erfahrenen Winter-Alpinisten vorbehalten bleibt, die auch das Lawinenrisiko richtig einschätzen können
EINKEHR | Keine

Die ersten Sonnenstrahlen bei der Winterwanderung zur Königsalm; hinten der Schildenstein

Oberbayerische Voralpenatmosphäre pur gibt es bei der Wanderung zur Königsalm zu erleben. Vor allem, wenn man aus dem dichten Wald in Talnähe herausgekommen ist und sich über flachere Hänge und großartige Ausblicke freuen kann, wird das Herz eines jeden bergbegeisterten Winterwanderers gleich um ein paar Takte höher schlagen.
Vielen mag als Endpunkt die Königsalm reichen. Im Winter müssen die Ziele nicht höher lie-

1444
Unter Huder
Duslaualm
Enterfels
Holzstube (verf.)
Bucherhüttengraben
Bucher-Wand
Schwarzenbach
Leonhardstein
1452
Staudenbach
Grüneck
Grüneck
1395
Friedlbergkopf
1406
Sonnbergschneid
1224
Winterstube
Enterfelser Alm
01
42
Vorderalm
307
Klamm
Wildbad
Altes
Saiblingzu
Triffthütte
Waldhäusl
Gernbergkopf
1226
Hoher Gernberg
1177
Futters
Geißalm
Siebenhüttenalm
837
1247
Klammberg
Klammbach
Rasseringkopf
1281
Weißach-alm
Königshütte
931
Plattnergr.
02
03
Königsalm
1115
Jägerleiter
Bodigberghüttengraben
Sattel
1306
1414
Klause
Graseckwand
Kirchwand
1343
V42
Schildenstein
05
1613
Große-
Kleine-
Wolfsschlucht
Platteneck
04
1618
Plattenalm
Predigtstuhl
1562
In der Gröb
1315
1540
Blaubergalm
1400
1540
1166
Mahmoosbach
Klammbachalm
1189
Bärenmoos
911
1336
Klammkopf
Mahmooskopf
0
500 m
1522
Rotmöserkopf
Festlalm
994

Die Königsalm

Mit der Königsalm hat es eine besondere Bewandtnis. Sie gehörte nämlich dem bayerischen Königshaus und ist auch heute noch im Besitz der Wittelsbacher. Die spätere österreichische Kaiserin Elisabeth (Sissi) war auf der Königsalm in den Sommerferien hin und wieder zu Gast und hat im oberen Salon ihr Monogramm in eine Fensterscheibe geritzt.
Wer je Gelegenheit hat, in die Alm hineinzuschauen (im Winter ist sie natürlich geschlossen), wird als erstes vom edlen Marmorboden überrascht sein. Die roten Blöcke aus Scharlinger Marmor wurden bei der Renovierung der Tegernseer Kirche ausgebaut.
Im Erdgeschoss befinden sich die Molkenküche und die Wohnung des Senners. Dort unten wird die Milch auch heute noch mit frischem Bergwasser gekühlt, das über den Marmorboden abläuft.
Neben dem sogenannten Kavaliershaus steht ein mit 46 m auffallend langes Almgebäude. Es wurde im 18. Jahrhundert vom Kloster Tegernsee gebaut und wurde als Ochsenalm genutzt. König Max I. hat diese Alm im Jahr 1817 gekauft und sich höchstpersönlich viel um die Almwirtschaft gekümmert.

gen. Wer trotzdem hoch hinaus will, kann bis zum Schildenstein aufsteigen, sollte aber bei hoher Schneelage Schneeschuhe verwenden und selbstverständlich darauf achten, die Fellspuren der Skitourengeher nicht zu ruinieren. Die Weltmeisterschafts-Rodel-

Strahlende Winterpracht auf den Hängen der Königsalm unter dem Schildenstein

Ein besonderes Erlebnis: der winterliche Gipfel des Schildensteins

bahn ist für engagierte Schlittenfahrer geeignet, wenn dort kein Wettbewerb stattfindet.

Vom **Wander- und Langlaufparkplatz 01** quert man auf einer breiten Brücke die Weißach und geht rechts abbiegend sehr flach auf der Forststraße nach Westen und nach einem Linksbogen deutlich steiler im Wesentlichen nach Süden im Wald hinauf. Die Straße ist als Weltmeisterschafts-Naturrodelbahn ausgebaut und wird deshalb gelegentlich für Fußgänger und Skifahrer gesperrt.
In der Nähe des Klammbergs geht es aus dem Wald heraus und über freie Lichtungen in einer malerischen Winterlandschaft nach Süden weiter, um sodann dem Fahrweg zu folgen, der bei der **Königsalm 02** endet.
Wer sich den Aufstieg bis zum Schildenstein zutraut, entsprechend fit ist und winterliche Bergerfahrung hat, geht bei der Königsalm durch einen schmalen Walddurchlass zum Bach hinunter, quert ihn auf schmalem Steg und steigt gegen Osten Richtung **Graseck 03** auf. Am Waldrand rechts abdrehen und nach Süden über der Graseckwand dem Sommerweg folgend zum **Schanzl 04** hinauf, von wo es nach links kurz ein wenig abwärts und dann stramm zum **Gipfel 05** hinaufgeht.
Der Abstieg verläuft auf der Anstiegsroute.

Die Königsalm steht noch im Eigentum der Wittelsbacher

AUF DIE NEUREUT • 1263 m

Auf den Ostiner Berg

8 km 2:45 h 470 hm 470 hm 8

START | Wanderparkplatz in Gasse beim Sternecker, 805 m [GPS: Breite N 47.736604° Länge E 011.750457°]
CHARAKTER | Winterliche Bergtour, die einwandfreie Kondition und etwas Ausdauer (vor allem bei hoher Schneelage) verlangt
EINKEHR | Neureuthaus am Ostiner Berg; Montag Ruhetag; von Anfang Dezember bis Weihnachten an Wochentagen geschlossen

Zur Gindelalmschneid

Bei gutem Stapfschnee kann man von der Neureut noch einen „echten" Berggipfel in Angriff nehmen. Nicht weit vom Ostiner Berg ragt nämlich der 1335 m hohe Panoramagipfel Gindelalmschneid mit seinem riesigen Gipfelkreuz in den weiß-blauen Winterhimmel und lädt zu einem Kurzbesuch ein.
Will man sich diesen netten Gipfel aufs Programm schreiben, zweigt man in der Lichtung unter der Neureut nicht links ab, sondern folgt der Wegspur geradeaus gegen Osten durch den Wald weiter, geht ein paar Mal geringfügig auf und ab und kommt schließlich an einen nach rechts aufragenden Wiesenhang. Über ihn geradewegs zum Gipfel hinauf.
Um wieder zum Ausgangspunkt zu kommen, muss man auf der Anstiegsroute zurückgehen. Es sei denn, man hat für die Rückreise vorgesorgt. Dann kann man von der Gindelalmschneid nach Südosten über das Kreuzbergköpfl in den Waldsattel unter der Baumgartenschneid absteigen und auf breiten Fahrwegen (Prinzenweg) durch das lange Alpbachtal nach Tegernsee hinausgehen.

Zur Ruhe kommen die Wege auf die Neureut nur im Dezember, wenn das Wetter schlecht und das Neureuthaus geschlossen ist, aber auch das ist nicht sicher. Denn dieses nette Waldbergerl hat sich zu einem echten Modeziel gemausert, und das seit Jahrzehnten. Von fast allen Seiten kann man dem lang gezogenen Waldbuckel aufs Haupt steigen. Viele Wege sind wintertauglich und deshalb bei Rodlern beliebt.
Steil fällt der Fahrweg vom Lieberhof in Tegernsee zur Neureut aus, den sich vor allem Schlittenfahrer der schärferen Art gerne vornehmen. Fast endlos weit muss man aufsteigen, wenn man sich die lange Route von Schliersee oder Hausham über Auerberg und Gindelalm antut, und der im Som-

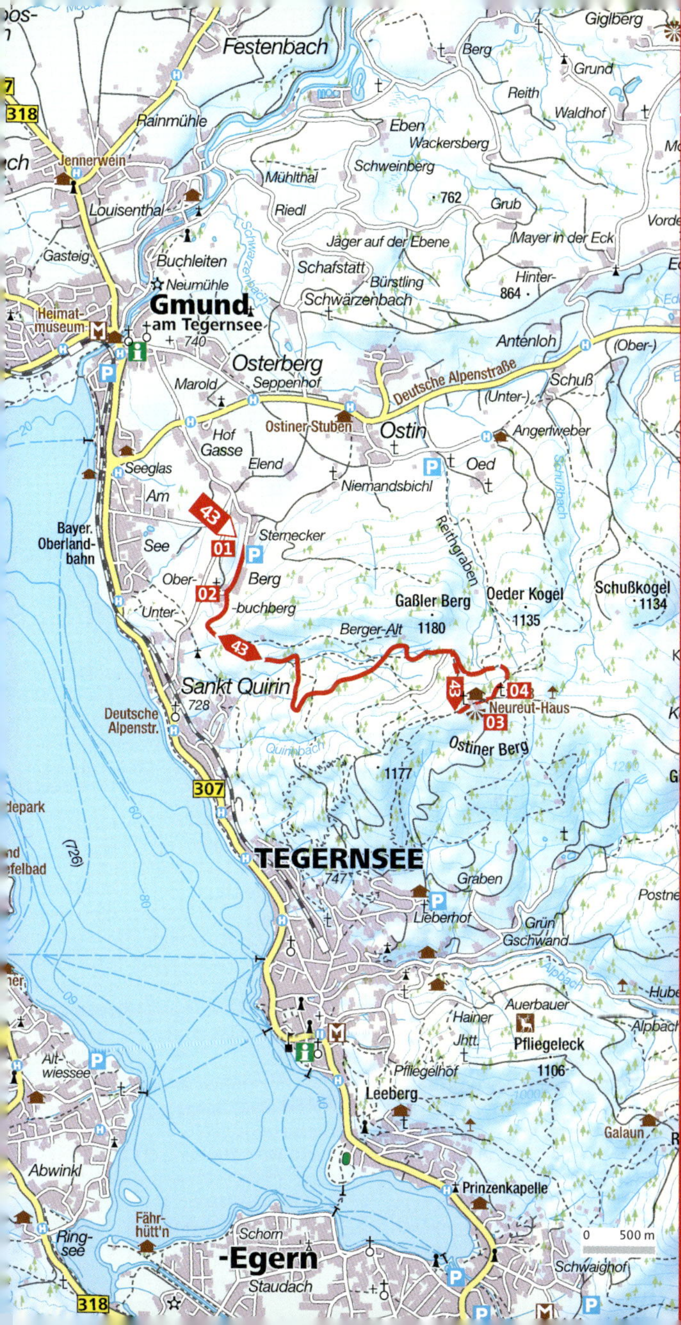
Festenbach
Giglberg
Berg
Grund
Reith
Waldhof
Rainmühle
Eben
Wackersberg
Jennerwein
Mühlthal
Schweinberg
762
Grub
Louisenthal
Riedl
Jäger auf der Ebene
Mayer in der Eck
Gasteig
Buchleiten
Schafstatt
Bürstling
Hinter-
864
Neumühle
Schwarzenbach
Gmund am Tegernsee
740
Heimat-museum
Antenloh
Osterberg
Seppenhof
Marold
Deutsche Alpenstraße
Schuß
Ostiner Stuben
Ostin
Angerlweber
Hof
Gasse
Seeglas
Elend
Oed
Niemandsbichl
Am
See
Bayer. Oberland-bahn
Sternecker
Reithgraben
Ober-
Berg
Unter-
-buchberg
Gaßler Berg
1180
Oeder Kogel
1135
Schußkogel
1134
Berger-Alt
Sankt Quirin
728
Neureut-Haus
Deutsche Alpenstr.
Ostiner Berg
Quirinbach
1177
TEGERNSEE
747
Graben
Lieberhof
Grün
Gschwand
Alpbach
Auerbauer
Hainer
Jhtt.
Pflieglhof
Pfliegeleck
1106
Alt-wiessee
Leeberg
Galaun
Abwinkl
Prinzenkapelle
Fähr-hütt'n
Ring-see
Schorn
-Egern
Staudach
Schwaighof
0 500 m
318
307
43
01
02
03
04

Gipfelpanorama von der Neureut auf Tegernsee, Hirschberg und Kampen

mer recht schöne, aber schattige Weg von Ostin über die Nordseite herauf taugt nicht für hohe Schneelage.
Was bleibt, ist der breite Fahrweg vom Sternecker über Berg und Oberbuchberg, der hier vorgestellt ist.

▶ Vom großen, oft blank vereisten **Parkplatz** 01 beim Sternecker, südöstlich von Gasse, folgt man erst einmal einem schmalen Sträßchen nach Süden über Berg nach **Oberbuchberg** 02. Dort zweigt der gut beschilderte Aufstieg links ab, führt über eine Wiese und auf einer Forststraße in lichten Hochwald hinein. Am Waldrand dreht er ein wenig rechts ab und schwingt sich in ausholenden Kehren am Waldhang hinauf. Nach der ersten Linkskurve kommt man an Wasserfassungen vorbei, und schon bald darauf geht es durch eine Lichtung, die allerdings keine freien Ausblicke gewährt. Diese kommen erst weiter oben.
In wechselnder Steigung schlängelt sich die breite Forststraße in vielen leichten Kurven hinauf. Auf der Höhe von 923 m stößt der direkte Anstieg von St. Quirin zum Fahrweg, und nach einer relativ engen Rechtskehre zweigt auf der Höhe von 1120 m nach links ein deutlich schmalerer Holzziehweg ab. Er ist zur **Neureut** beschildert. Man folgt ihm gegen Osten, und schon 30 Meter weiter vorne verzweigt er sich. Beide Wegvarianten führen zur Neureut. Bei guten Wegverhältnissen kann man den steilen Waldweg riskieren, der sich nach rechts in einem Bogen gleich einmal stramm aufschwingt. Bei Vereisung dieser relativ anspruchsvollen Etappe wird man auf Grödel nicht verzichten können. Notfalls kann man auch in den Waldhang ausweichen und das Wurzelwerk als „Hilfstreppe" nutzen. Bei hoher Schneelage ist das allerdings weniger empfehlenswert.
Zwischendurch beschreibt der sportlich steile Waldaufstieg ein paar scharfe Kehren, führt durch ein Weidegatter, aus dem Wald heraus, auf einen freien Hang und meist in strahlendes Sonnenlicht.

Über den aussichtsreichen Wiesenhang rund 100 m geradeaus zu den Wegtafeln weiter. Bei ihnen links abdrehen, auf breitem Weg zur Kapelle und gleich darauf zum **Neureuthaus** 03, wo man bei strahlendem Sonnenschein auch im Winter gut auf der Terrasse sitzen und bei einer zünftigen Brotzeit einen grandiosen Ausblick über den Tegernsee bis zu den winterlichen majestätischen Karwendelbergen genießen kann. Vom Wirtshaus auf der Neureut geht man in der gleichen Richtung weiter, also gegen Osten auf die Gindelalmschneid zu. Der bequeme Weg führt durch eine lang gezogene Waldlichtung, aus der hinter einem alten **Wegkreuz** 04 nach links die Abstiegsroute abzweigt. Sie fällt über einen schattigen, meist schneereichen Wiesenhang zum Waldrand ab und führt dann ziemlich steil auf einem Holzziehweg (gefährliche Rodelstrecke) zur Routenverzweigung. Dort geht es nach links relativ eben im Wald weiter, an allen Abzweigungen geradeaus, bis schließlich die Aufstiegsroute wieder erreicht ist. Auf ihr geht man zum **Parkplatz** 01 beim Sternecker zurück.

Kapelle auf der Neureut

Abstieg von der Neureut in Richtung Gindelalmschneid

VON ROTTACH-EGERN NACH ENTERROTTACH

Am Fuße des Wallbergs

7 km | 2:00 h | 100 hm | 100 hm | 8

START | Talstation der Wallbergbahn, 787 m
[GPS: Breite N 47.676272° Länge E 011.777943°]
CHARAKTER | Leichte Talwanderung, die überwiegend im Schatten und deshalb in klirrender Kälte verläuft; keine starken Steigungen
EINKEHR | Gasthof und Café Almhof in Enterrottach

Zwischen Rottach-Egern am Tegernsee und dem kleinen Ort Enterrottach zieht sich eine lange Ebene hin, die im Winter überwiegend im Schatten des Wallbergs bleibt und deshalb oft klirrend kalt ist. Auch die Wanderung von der Talstation der Wallbergbahn nach Enterrottach verläuft – wenigstens am Hinweg – im Schatten des Wallbergs und ist deshalb eher etwas für hart gesottene Winterwanderer, die der Kälte trotzen wollen. Doch eine knackig frische Winterluft hat ja auch ihre Reize.

Ein paar Meter unter dem Parkplatz der **Wallbergbahn** **01** führt eine breite Promenade gegen Nordosten in den Wald hinein. Der breite Wanderweg schlängelt sich in gemütlichen Kurven durch den Wald und quert oberhalb des Ortsteils Sonnenmoos eine Skipiste und den dazugehörenden Lift.

Ellmau bei Enterrottach

Nach etwa einer Viertelstunde Gehzeit verzweigt sich am Waldrand der Weg. Dort nach rechts weitergehen und dem Wegweiser nach **Enterrottach** folgen. Es geht nun nach Osten weiter und dabei steigt der Wanderweg ein wenig an. Bei einer Rastbank steigt geradeaus in den Wald ein Holzziehweg an. Dort links schwenken und am Waldrand bleiben. Die Promenade fällt nun ein längeres Stück bis in den Talgrund ab. Dort kommt von links ein Fahrweg herein. Die Route führt von dort geradeaus weiter und steigt ein paar Meter gering an. Links unten liegt in einer Talmulde der Widrigsee (oder Gloggnersee), der so stark verlandet ist, dass sich Eislauf nicht lohnt.

Anschließend geht es weitgehend eben dahin, durch ein Weidegatter und am Waldesrand gemütlich weiter. Auf der Höhe von Unterwallberg führt der Weg in sanftem

Auf und Ab etwa auf gleichem Niveau wie der Talgrund moderat weiter. Gleich neben dem Wasserwerk steht ein **Brunnen** 02, der anlässlich des 90jährigen Bestehens der Wasserversorgung Egern errichtet worden ist. Kurz dahinter stößt man auf ein Sträßchen. Auf diesem asphaltierten Fahrweg schräg rechts weiter und gegen Südosten zur Autostraße, die zur Mautstation in Enterrottach führt. Auf der Straßenbrücke quert man die Rottach und geht ins Örtchen **Enterrottach** 03 hinein. Am linken Ortseingang steht die Wirtschaft Almhof, wo eine Einkehr lohnt.

Bis zur Straßenverzweigung in der Nähe des Wasserwerks geht man am Hinweg zurück. Dort kann man dem kalten Schattenweg ein Schnippchen schlagen und mit etwas Glück doch noch ein paar Sonnenstrahlen einfangen. Man bleibt also bei der Abzweigung rechts und folgt dem Fahrweg, der durch den flachen Wiesengrund gegen Nordwesten weiterführt. Das schmale Sträßchen quert die kleine Ortschaft **Unterwallberg** 04 und schon wird es mit den Sonnenstrahlen vorerst vorbei sein, denn man kommt nun in den Schatten des mächtig aufragenden Wallbergs.

Anschließend geht es im Wesentlichen der leicht geschwungenen Straße über freies Feld entlang, bis zuerst die **Roßkapelle** 05 und dann der Ort **Ellmau** 06 erreicht sind. Mitten im Ort verzweigt sich die Straße. Dort nach links weiter, aus Ellmau heraus und in geringem Rechtsbogen (bei der Abzweigung rechts) wieder gegen Westen dahin. Mit etwas Glück kommt nun wieder die Sonne heraus. Gleich am Ortsrand von **Wolfsgrub** 07 zweigt nach links die Wolfsgrubstraße ab, der man am Ortsausgang ein wenig im Zickzack folgt. Der deutliche markierte Winterweg quert nun eine breite Wiese und zweigt kurz vor der Skipiste links ab. Nun zum Wald hinauf und durch diesen – ein paar Meter relativ steil – zum Hinweg zurück. Auf ihm nach rechts, die Skiabfahrt queren und zum Parkplatz der **Wallbergbahn** 01.

Alternative Ausflugsziele

In der Feldstraße von Wolfsgrub befindet sich das Wagen- und Schlittenmuseum, dessen Besuch jedem empfohlen wird, der ein bisserl Zeit erübrigen kann.

Natürlich lohnt sich vom Ausgangspunkt auch eine Fahrt mit der Wallbergbahn zur Bergstation und ein Besuch der kleinen Wallbergkapelle. Bei geringer Schneelage kann man sogar im Winter dem Wallberggipfel einen Besuch abstatten, sollte dafür aber entsprechend ausgerüstet sein, denn der Gipfelanstieg ist streckenweise ziemlich felsig und verlangt Bergerfahrung.

Ein Höhepunkt des Ausflugs zum Tegernsee ist neben dem Besuch des Bräustüberls mit seinem sagenhaften Leberkäs, dem beliebten Bierbratl und dem nicht minder guten Bier der Ortskern von Rottach-Egern mit dem berühmten Malerwinkel, von dem es einen überwältigenden Blick über den See zur Kirche von Rottach-Egern und auf den Wallberg zu bestaunen gibt.

RUND UM DEN SCHLIERSEE

Seenpromenade

7 km | 2:00 h | 40 hm | 40 hm | 8

START | Schliersee, Parkplatz beim Campingplatz am Nordwestufer, 780 m
[GPS: Breite N 47.727913° Länge E 011.850492°]
CHARAKTER | Sehr einfache Wanderung auf gutem Weg; immer am Seeufer entlang
EINKEHR | Auf der Route mehrere Möglichkeiten

Der Eisdruck am Schliersee kann bizarre Formen bilden

Auf dieser Wanderung geht es gemütlich zu. Mit nur 40 m Tiefe friert der Schliersee erstaunlich schnell zu. Und wenn ihn ein stabiles Eis bedeckt, muss man nicht außen herum gehen, sondern kann direkt über die Seefläche zu Fuß oder mit Schlittschuhen sausen. Ist die Eisdecke nicht stabil, oder sind Eissegler auf dem See, die mit ihren Geräten enorme Geschwindigkeiten von über 100 km/h erreichen, bleibt man besser am Ufer und folgt der hier vorgestellten Route.

▶ Die Wanderung beginnt bei den Gleisen der Oberlandbahn, gleich in der Nähe des **Campingplatzes** 01, von wo ein breiter Weg neben der Bahnstrecke nach Süden am See entlangführt. Ein wenig geht es auf und ab, und schon nach knapp 700 m Gehstrecke gibt es den ersten schönen Rastplatz.
Etwa 1 km weiter vorne führt der breite Spazierweg nach links über die Bahngleise, fällt ein wenig zum Seeufer ab und an mehreren Badeplätzen entlang, wo man die Schlittschuhe gut anschnallen kann, um ein paar (oder mehre-

Freigut
Bemberg
908
Feriendorf Holz
Tiefenbach
Loidlsee
906
Tratberg
Hausham
766
Laim
Diensthütte
Motocross
921
Mülldeponie
Brentenspitz
Rackensee
Brenten
Altenberg
Thal
Grünboden
Diensthütt
Schweinthal
Kaltenbrunnen
Pürstling
Kalkgraben
Urtl-
bach
Unterrißhof
Schliers
Westenhofen
Schliersberg-Alm
Hotel Schliersbergalm
1055
Abwinkl
Riß
Huberbauern
Alm
Schlierach
Freizeitpark m.
Sommerrodelbahn
Huberspitz
Kreit
Mühle
1052
Schliersee
784
Schwaig
Stögeralm
896
Rainer Berg
169
Milchhäusl
Breitenbach
840
Freudenberg
45
01
04
Krainsberg
Oberleiten
Sperbergraben
Schliersee
(777)
Krainsbergkogel
Breitenbach
Au
Wörth
Deutsche
Alpenstraße
1042
952
307
1258
Ruine
Hohenwaldeck
Hirschge
Brunstkogel
Seegarten
03
1255
02
Fischhausen
801
St Leonhard
799
Freilichtmuseum
Markus Wasmeier
Probst
Unter-
Westerberg
1333
Slyrs De
Neuhaus
Dürnbach
816
1219
Dürnbach
Kühzaglalm
Josefsthal
0
500 m
Rainerkopf
1465

Am schönsten zeigt sich der Schliersee vom Gipfel des Jägerkamps

Die Römer im Schlierseer Tal

Im Jahre 50 vor Christus sind die Römer bei ihren kriegerischen Raubzügen in das Schlierseer Tal eingefallen. Sie waren nicht schlecht erstaunt, als sie statt einer gottverlassenen Wildnis ein ordentlich geregeltes Siedlungswesen mit keltischen Wohnplätzen vorfanden. Kurzerhand besetzten sie diese Bereiche, vertrieben die bajuwarisch- und germanisch-stämmigen Bewohner und prägten bis ins 5. Jahrhundert die Geschichte im Schlierseer Tal.
Im Jahr 779 wurde ein Kloster gegründet, das nach seiner Zerstörung und Auflösung in der Mitte des 12. Jahrhunderts wieder errichtet wurde.
Große Reichtümer konnten die fleißigen Talbewohner nie ansammeln, denn ihr Besitz war in das Eigentum von Kirche, Frauenstift München und Maxlrainer übergegangen.
Neben der Land- und Forstwirtschaft kam schon Mitte des 19. Jahrhunderts der Fremdenverkehr ins Tal. Wirtshäuser und Hotels, Wanderwege und Badeanstalten und schon 1890 die ersten Skifahrer (damals Schneeläufer genannt) prägten das Leben. Die erste bayerische Skimeisterschaft fand im Jahr 1902 in Schliersee statt und 9 Jahre später gründete eine Gruppe engagierter Schneeläufer (wohl aus gegebenem Anlass) die „Erste Deutsche Skifahrende Freiwillige Sanitätskolonie“, womit der Bergrettungsdienst geboren war.

Eissegler auf dem Schliersee

Zur Schliersbergalm

Bei geringer Schneehöhe oder wenn man auf die Seilbahn ausweichen will, wäre ein netter Ausflug zur panoramareichen Schliersbergalm hinauf genau das Richtige, um einem beschaulichen Wandertag am Schliersee die Krone aufzusetzen. Auf der Schliersbergalm kann man Schlittenfahren, und vor allem für Kinder gibt es dort oben jede Menge weiterer spannender Attraktionen.

re) flotte Runden auf dem Eis zu drehen. Schon bald darauf ist der südlichste Punkt des **Schliersees** **02** erreicht.

Der Weg schwenkt von ihm ein wenig nach links und verläuft auf der Uferpromenade nach Osten an eln paar Bootshäusern vorbei und zur **Bundesstraße 307** **03** hinaus.

Der folgende Abschnitt neben der stark befahrenen Autostraße nach Norden ist wegen des Autolärms etwas ungemütlich.

Schließlich zweigt die Route nach links zum **Strandbad** **04** ab und führt über den Seeuferweg wieder zur Bundesstraße hinaus. Bei der Sparkasse, noch vor der Kirche, links abbiegen, um die Kirche herum, etwas verwinkelt durch den Ort und zum Spielplatz, wo man wieder an das Seeufer kommt.

Im weiteren Verlauf durch den Kurpark und beim Café Milchhäusl auf eine Asphaltstraße, die nach Freudenberg führt. Von dort gegen Westen zur Bahnstrecke. Direkt vor den Gleisen schwenkt die Route links ab, quert einen Weg und fällt auf einer Treppe nach Süden ab. Hat man die Bahnstrecke gequert, ist der **Ausgangspunkt** **01** wieder erreicht.

Wintermorgen am Schliersee

FISCHBACHAU – ELBACH

Im Leitzachtal

13 km | 4:00 h | 200 hm | 200 hm | 8

START | Fischbachau; Klosterbräustüberl, 772 m
[GPS: Breite N 47.719758° Länge E 011.957633°]
CHARAKTER | Leichte Rundwanderung, die bei hoher Schneelage nicht empfehlenswert ist
EINKEHR | Klosterbräustüberl, Café Seidl, Gasthof Oberwirt, Schwaigeralm

Vom **Bräustüberl** 01 geht man zur Straße hinaus und nach Westen weiter, um sogleich dem Wegweiser nach Birkenstein zu folgen. Beim Sägewerk zwei Mal schräg rechts abbiegen und bei der beschilderten Verzweigung nach rechts auf den aussichtsreichen **Kalvarienberg** 02. Von ihm zum Oberwirt hinunter und auf dem Kapellenweg zur Kapelle von **Birkenstein** 03.
Von der Wallfahrtskapelle auf breiter Promenade nach Norden unter dem Breitenstein deutlich aufwärts bis zu einer **Wegkreuzung** 04, wo man den höchsten Punkt der langen Rundwanderung erreicht.
Bei der Kreuzung schräg links und auf dem oberen Weg dem Wegweiser nach Elbach folgen. Am **Gasthaus Schwaigeralm** 05 vorbei (Montag und Dienstag Ruhetag). Von der Schwaigeralm auf einem Fahrweg in der gleichen Richtung über einen Wiesenhang gering abfallend weiter. Bei der beschilderten Abzweigung zum Winklstüberl gehen wir geradeaus weiter, auch wenn es schwer fällt. Man kommt an einem schönen **Aussichtspunkt** 06 vorbei

Winter an der Leitzach

und zum Ortsrand von **Buchberg** 07 hinab. Dort rechts auf einem Asphaltsträßchen abbiegen und schon nach weniger als 100 m zwei Mal links halten. Auf breiter Promenade und auf einem Wiesenweg nach Norden bis Buch.
Am Ortsrand von Buch schräg links abbiegen und dem Wegweiser Kirchstiegl folgen. Auf dem Bucherweg gehen wir bis zur Jenbachstraße, queren sie und folgen

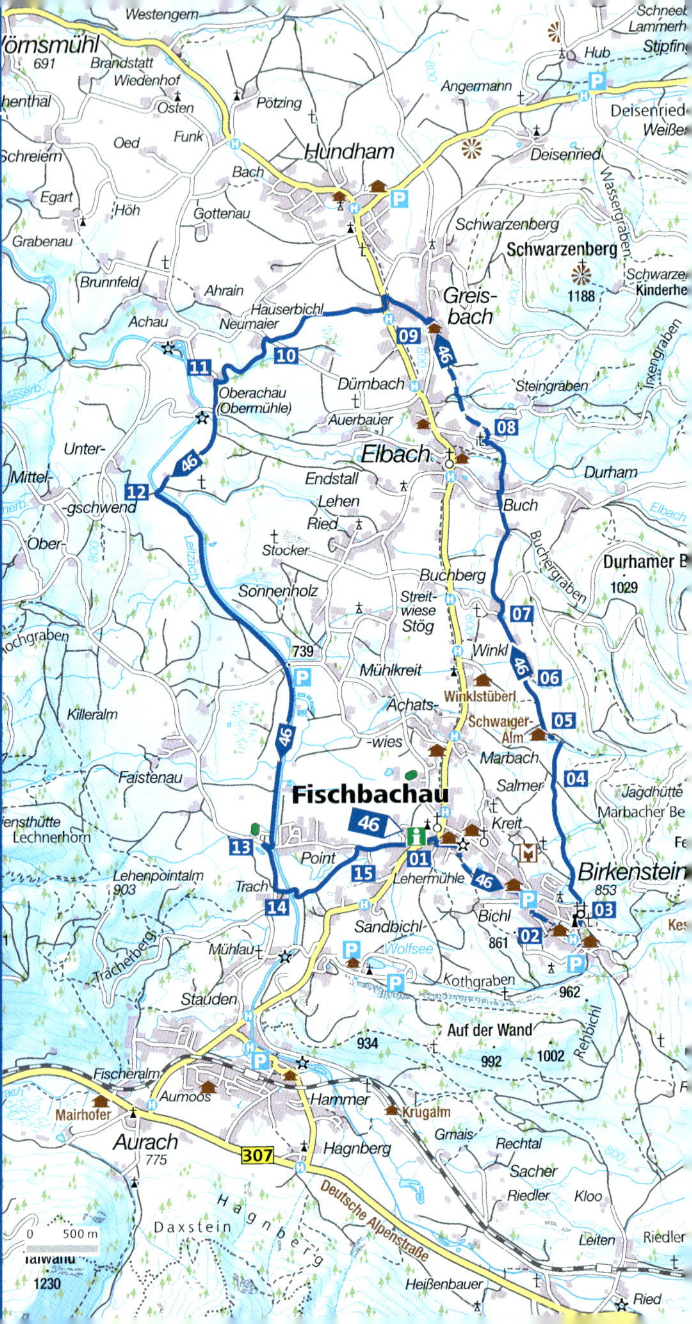
Westengern
Hundham
Schwarzenberg
1188
Greisbach
Elbach
Durham
Buch
Durhamer B
1029
Fischbachau
Birkenstein
853
Hauserbichl
Neumaier
Oberachau (Obermühle)
Dürnbach
Auerbauer
Endstall
Lehen
Ried
Stocker
Sonnenholz
739
Buchberg
Streitwiese
Stög
Winkl
Mühlkreit
Winklstüberl
Schwaiger-Alm
Achatswies
Marbach
Salmer
Kreit
Point
Trach
Lehermühle
Bichl
861
Sandbichl
Wolfsee
Kothgraben
962
Auf der Wand
992
1002
934
Mühlau
Stauden
Fischeralm
Aumoos
Hammer
Krugalm
Mairhofer
Aurach
775
307
Hagnberg
Gmais
Rechtal
Sacher
Riedler
Kloo
Leiten
Deutsche Alpenstraße
Daxstein
Heißenbauer
Ried
1230
Killeralm
Faistenau
Lechnerhorn
Lehenpointalm
903
Tracherberg
Unter-
Mittel-
-gschwend
Ober-
Achau
Brunnfeld
Ahrain
Grabenau
Egart
Höh
Gottenau
Bach
Oed
Funk
Osten
Pötzing
Wiedenhof
Brandstatt
691
Angermann
Hub
Deisenried
Schwarzenberg
Steingraben
Buchergraben
Jagdhütte
Marbacher
01
02
03
04
05
06
07
08
09
10
11
12
13
14
15
0 500 m

An der Leitzach bei Fischbachau

dem Schluchtweg. Hinter dem letzten Wohnhaus den **Elbach** queren und nach links weiter, bis nach rechts in den Wald hinein ein **Wanderweg** 08 abzweigt. Auf ihm an zwei Wohnhäusern vorbei, dann die Straße queren und auf dem Kirchstiegl weiter.

Schließlich stößt man auf eine Fahrspur und folgt ihr nach links bis **Greisbach** 09 und zur Staatsstraße 2077 hinab, die man bei der Bushaltestelle 9552 erreicht. Der Autostraße rund 100 m weit nach links folgen und dann nach rechts den Rundweg entlang, der an einem Hof vorbeiführt. Dahinter auf einer Schlepperspur zum Waldrand, über eine Anhöhe und zum **Neumaierhof** 10 hinab. Dort geradeaus über die Kreuzung und dann durch einen Linksbogen und am Waldrand in Kurven bis zur Verzweigung beim **Brosthof** 11 hinab, wo man scharf links abbiegt.

Bei der folgenden Fahrwegkreuzung geradeaus weiter und zum Waldrand, wo man nochmals den Elbach quert. Dahinter im Wald und an seinem Rand zur **Leitzachbrücke** 12, hinter der man links abbiegt. Anschließend folgt man dem Uferweg bis zum **Sportplatz** 13 nach Süden. Beim Sportplatz eine Straße queren, bei der nächsten **Brücke** 14 nach links und über **Point** 15 nach **Fischbachau** 01 zurück.

Gefrorene Pfütze im Leitzachtal

SPITZINGSEERUNDWEG

Alpiner Seespaziergang

3 km | 0:45 h | 20 hm | 20 hm | 8

START | Parkplatz bei der Taubensteinbahn am Spitzingsee, 1088 m
[GPS: Breite N 47.666288° Länge E 011.888272°]
CHARAKTER | Leichter und kurzer Spaziergang
EINKEHR | Gasthäuser, Cafés und Hotels in der Ortschaft Spitzingsee

Hinter dem Spitzingsee ragt die Bodenschneid auf

Der Spitzingsee war schon ein Dorado für Münchner Ausflügler, als es die Straße zum Spitzingsattel noch nicht gegeben hatte. Damals fuhr eine Seilbahn zum Spitzingsee hinauf und ihre Talstation haben sportliche Stadtmenschen mit dem Radl angefahren. Von München aus, versteht sich. Das Gebäude der Bergstation steht heute noch.
Inzwischen gibt es eine breite Straße, aber auch die kann nach starkem Schneefall gesperrt oder nur mit Ketten befahrbar sein. Trotzdem herrscht an schönen Winterwochenenden am Spitzingsee oben keine Einsamkeit. Viele Skifahrer nutzen die Gelegenheit in Stadtnähe ein nahezu ideales Skigebiet fast vor der Haustüre zu haben, das ihnen längere Anreisezeiten und Staus erspart, und seit es Schneekanonen und moderne Liftanlagen gibt, ist es noch beliebter geworden.
Der See friert im Winter rasch zu. Schließlich liegt er auf einer Höhe von mehr als 1000 m und da kann es grimmig kalt werden. Schlittschuhläufer kommen voll auf ihre Kosten.
Und das alles findet vor einer gewaltigen Bergkulisse statt, die im winterlichen Kleid viel höher und markanter aussieht, als man es vom Sommer gewöhnt ist.

▶ Vom **Parkplatz** 01 unter der Taubensteinbahn geht man am Ostufer des kleinen Sees nach Süden am Straßentunnel vorbei. Nach kurzer Strecke kommt man schon zum Bergdorf **Spitzingsee** 02, das keinen dörflichen Charakter hat, sondern von Hotels und Gasthäusern geprägt ist.
Der Seeweg führt an den Hotelgebäuden vorbei, bis die Autostraße

Alternative Ausflugsziele

Bei geringer Schneehöhe kann man vom westlichen Ufer auf einem geräumten Fahrweg ohne größere Anstrengung zu den Wirtshäusern Untere und Obere Firstalm zu Füßen der markanten Bodenschneid hinaufgehen. Dafür muss man insgesamt rund 1:30 Std. veranschlagen (hin und zurück). Als alternative Ziele bieten sich aber auch die Valeppalmen, das Forsthaus Valepp und die Albert-Link-Hütte an.
Wer hoch hinaus will, kann zum Rotwandhaus oder sogar auf die Rotwand steigen (siehe Tour 48).

erreicht ist. Neben ihr geht es auf einer Brücke über den Auslauf des Sees und an der historischen, ursprünglichen **Wurzhütte** vorbei. Vor der **Klausenhütte** 03 biegt der Seeweg nach rechts ab, verlässt den Verlauf der Straße und führt am Südufer als relativ schmaler Pfad nach Westen weiter. Hinter der Bootsvermietung hält man sich ein bisserl links, dann biegt der Weg rechts ab, führt bei der Verzweigung geradeaus weiter und wieder zum See hinaus. Später, hinter einem Rastplatz, wieder ein wenig nach links, neben einer Hütte durch den Wald, auf einem Steg über den Bach und in das Sumpfgelände im nördlichen Bereich des Westufers. Am Ende der freien Fläche zweigt man rechts ab und erreicht wieder das Seeufer. Der Uferweg schwenkt in einem Bogen mit dem See nach rechts und umrundet die **nördlichste Stelle** 04 des kleinen Sees. Bald darauf ist man wieder am **Ausgangspunkt** 01 angekommen.

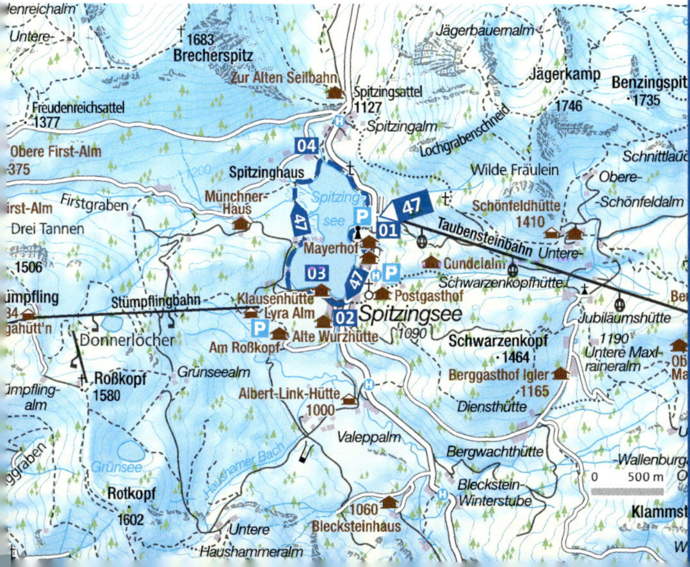

ROTWANDHAUS UND ROTWAND • 1884 m

Stramme Schneetour

14 km | 3:30 h | 800 hm | 800 hm | 8

START | Spitzingsee, 1085 m
[GPS: Breite N 47.666395° Länge E 011.888954°]
CHARAKTER | Zum Rotwandhaus und zur Rotwand ist es kein flacher Talspaziergang, sondern eine stramme winterliche Bergtour, die entsprechende Kondition und Ausrüstung verlangt. Auch für diese winterliche Bergtour gilt, dass sie durch ein beliebtes Skitourengelände führt, in dem man die Fellspuren der Tourengeher unbehelligt lassen soll.
EINKEHR | Rotwandhaus (Übernachtung)

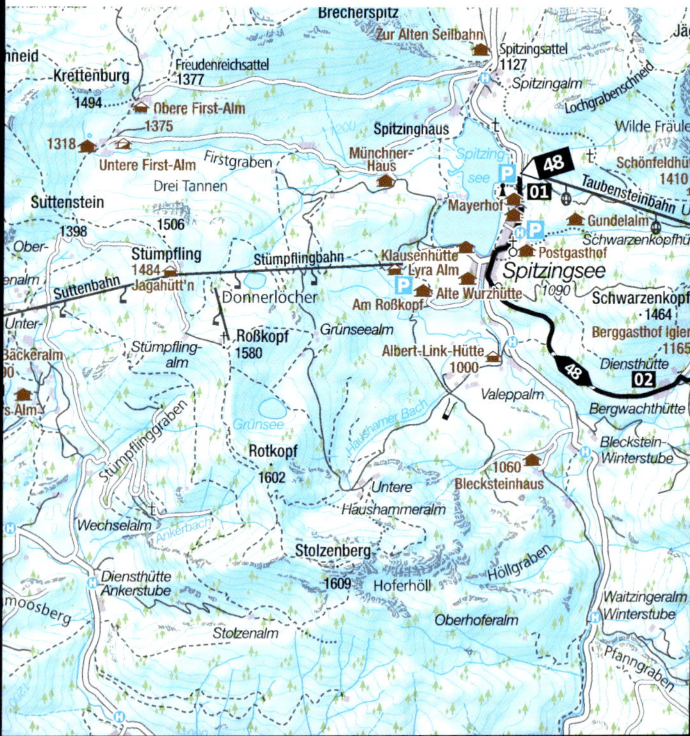

Bricht man vom Spitzingsee zur Rotwand auf, die im Sommer als großartiges Wanderziel sehr beliebt ist, wird man meist auf mehr Skitourengeher, als auf Winterwanderer treffen. Hin und wieder mischen sich auch ein paar Rodler (die hierzulande Schlittenfahrer heißen) unter die munter aufsteigenden Bergfreunde, doch Priorität in der Beliebtheitsskala hat die Rotwand als Hauptziel der sogenannten „Rotwandreibe", des Münchener Skitourenklassikers schlechthin.
Auch Winterwanderer haben dort oben ihr Vergnügen. Der Anstieg verläuft auf langen Fahrwegen, die sich fürs Wandern auch bei Schneelage ohne größeren Aufwand eignen. Außerdem sind die

Die malerisch gelegene Wildenfeldalm unter der Rotwand

Waldhänge – mit Ausnahme vielleicht des Gipfelhangs – weitgehend lawinensicher und deshalb bei normalen Verhältnissen ohne großes Risiko zu betreten.
Wer sich die Freude einer zünftigen Schlittenfahrt gönnen will, zieht seine Rodel bis zum Rotwandhaus hinauf.

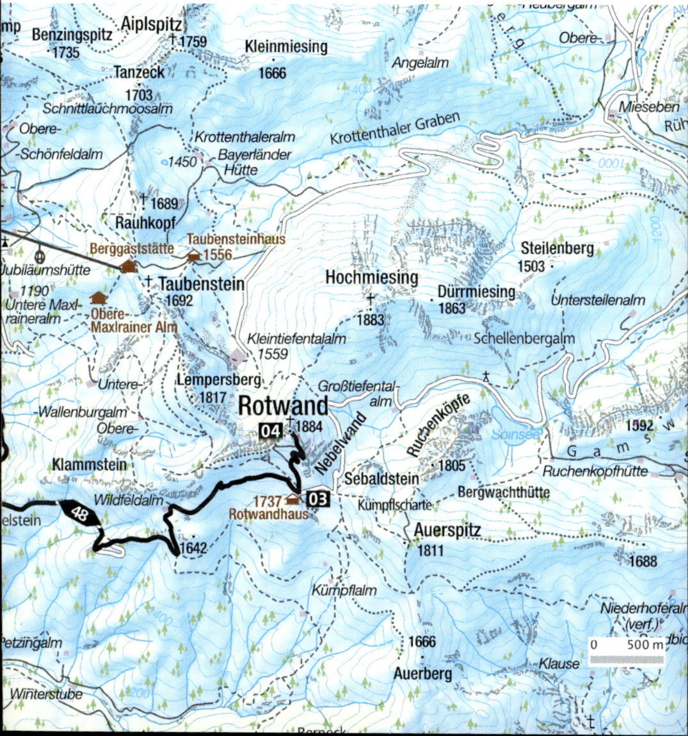

Bei hoher Schneelage sind die Gipfelhänge der Rotwand von Lawinen bedroht

▶ Man bricht bei der historischen **Wurzhütte** 01 auf einem asphaltierten Fahrweg nach Süden auf, biegt bei der ersten Abzweigung links ab und geht lange durch den Wald hinauf, bis bei der **Bergwachthütte** 02 in der Nähe der Winterstube nach rechts die Route zur Rotwand abzweigt. Sie führt nach Süden weiter und auf den Geiselstein zu. Dort wird in einer kleinen Lichtung der links abdrehende Skiweg verlassen, und man bleibt auf dem Fahrweg, der in einem Bogen an einer Forstdiensthütte vorbei und oberhalb der Wildfeldalm aus dem Wald herausführt.

Die Route schwenkt scharf nach rechts und quert unter dem Gipfelkamm der Rotwand nur gering ansteigend einen relativ flachen Hang, bis sie am **Rotwandhaus** 03 endet.

Der Abstieg verläuft entlang der Aufstiegsroute.

Zum Rotwandgipfel

Vom Rotwandhaus kann man neben der Nebelrinne auf dem Sommerweg am linken Rand des Gratabbruchs relativ mühsam, aber unschwierig zum Rotwandgipfel 04 hinaufgehen. Aber bitte dort besonders darauf achten, dass man den Tourengehern nicht in die Quere kommt. Sie haben mit dem dort meist von der Sonne umgewandelten Schnee ohnehin hart zu kämpfen ...

Die weiteren Varianten, wie sie bei sommerlichen Rotwandtouren gerne durchgeführt werden, nämlich über den Lempersberg zum Taubenstein, durch die Kümpflscharte zum Auerspitz oder durch den Miesingsattel auf den Hochmiesing, sind für Winterwanderer bei Schneelage tabu.

RUND UM GEITAU

Talwanderung unter dem Wendelstein

8 km 2:00 h 130 hm 130 hm 8

START | Geitau, südlicher Ortsrand oder Haltepunkt der Bayer. Oberlandbahn, 782 m
[GPS: Breite N 47.687123° Länge E 011.959841°]
CHARAKTER | Leichte Wanderung auf überwiegend ebener Strecke
EINKEHR | Postgasthof Rote Wand in Geitau

Rund um Geitau breitet sich eine weite Ebene aus, ideales Terrain für Langläufer der gemütlicheren Art und für Winterwanderer, die es lieber etwas flacher angehen lassen. Die Fahrwege in diesem Wanderrevier sind zum großen Teil geräumt. Trotz des wenig anspruchsvollen Geländes befindet man sich mitten im Gebirge und

An einem schönen Wintertag in Geitau unter dem Aiplspitz und der Heißenplatte

da ist es klar, dass es an schönen Tagen bezaubernde Bergblicke zu bestaunen gibt. Die dominanten Berge in diesem Alpenrund heißen Aiplspitz, Hochmiesing und Wendelstein. Sie tragen ein recht markantes Aussehen zur Schau, und vielleicht wecken sie bei dem einen oder anderen die Lust, so einen Bergriesen von oben anzuschauen. Zu Hochmiesing und Aiplspitz geht das im Winter sinnvollerweise nur mit Tourenski, was eine ziemlich gute Kondition voraussetzt, denn die Entfernungen sind groß und die Höhenunterschiede beachtlich.
Weitaus einfacher lässt sich der Wendelstein erreichen, denn bis zum Wendelsteinhaus und dem berühmten Wendelsteinkircherl führt von Osterhofen eine Seilbahn hinauf. Den Gipfelanstieg wird man sich im Winter allerdings verkneifen müssen, denn der Steig zum Observatorium und dem Fernsehsender auf dem Gipfel ist bei Schnee oder Eis gesperrt. Wer trotzdem versucht, dem Wendelstein bei solchen Bedingungen aufs Haupt zu steigen, begibt sich in Lebensgefahr.

▶ Es gibt zwei Ausgangspunkte für diese nette Rundwanderung. Wer mit der Bayer. Oberlandbahn angereist ist, startet am Haltepunkt **Geitau** **01** und geht von dort über die Bundesstraße 307 nach Geitau hinein.
Autofahrer finden einen großen Parkplatz am südlichen Ortsrand von **Geitau** **02**. Neben der dort stehenden Panorama- und Wegetafel biegt man auf die lange, gerade Straße ein, die in Richtung Osterhofen – Bayrischzell über den **Segelflugplatz** **03** und Rotwand, Miesing, Taubenstein und Seeberg beschildert ist. Der asphaltierte Fahrweg führt am Sperrschild und an der Hinweistafel auf das Landschaftsschutzgebiet nach Süden vorbei und auf die weite Ebene zwischen Seeberg und **Heißenplatte**. Den Hochmiesing vor Augen, der durch einen spektakulären Murenabgang im Herbst 1996 von sich reden gemacht hat, geht es nun recht gemütlich dahin. Rechts steht ein Holzstadel und auf der linken Straßenseite die nördliche Motorwinde des Segelflugplatzes Baumgarten. Im Sommer werden die leichten Segelflugzeuge auf einer langen Spur über die Ebene mit dieser Winde hinaufgezogen.
Ein Stück weiter vorne befindet sich auf der rechten Straßenseite eine kleine Kapelle mit einer Madonnenfigur und einem naiven Gemälde, das den heiligen Georg und die heilige Margarete zeigt.
Dahinter beschreibt der Fahrweg einen weiten Linksbogen und schließlich kommt man zum Flugplatzgebäude, wo auf der linken Seite noch eine Motorwinde steht. Anschließend baut sich eine Baumreihe auf, und gleich darauf verzweigt sich das Sträßchen.
Die Wanderroute führt nach links weiter und allmählich in den Wald hinein. Unmittelbar bevor sich der Wald verdichtet wird ein **Wegedreieck** **04** erreicht. Dort rechts halten und dem Wegweiser zu Rotwand, Miesing und Taubenstein folgen. Die Straße steigt nun ein wenig an und dreht hinter der Brücke rechts ab. An der folgenden Verzweigung hält man sich abermals rechts, geht über die Alpbachbrücke und bleibt auf dem Sträßchen, das in einer Linkskurve ein wenig ansteigt und schließlich zum **Forsthaus Mieseben** **05** stößt. Dort kehrt man bei Schneelage normalerweise um.

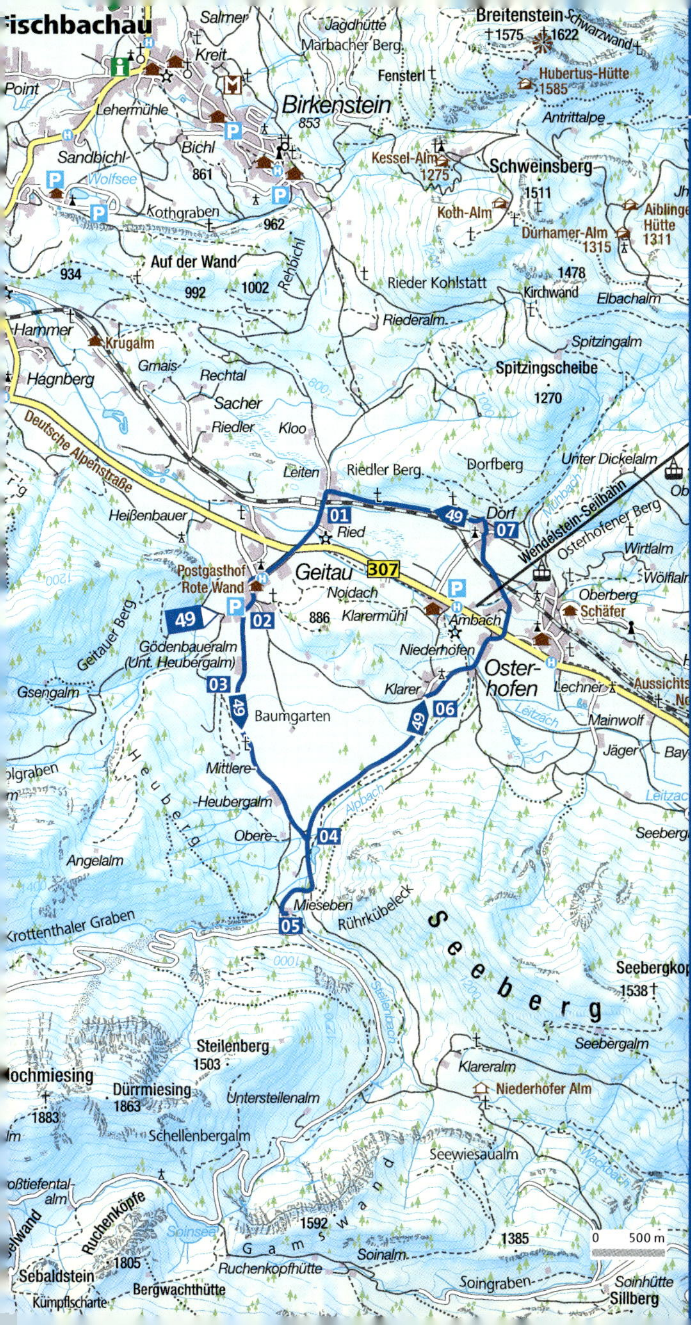
Fischbachau
Salmer
Jagdhütte
Marbacher Berg
Breitenstein
1575
1622
Schwarzwand
Kreit
Point
Lehermühle
Fensterl
Hubertus-Hütte
1585
Birkenstein
853
Antrittalpe
Sandbichl
Bichl
Kessel-Alm
1275
Schweinsberg
Wolfsee
861
1511
Kothgraben
962
Koth-Alm
Aiblinger Hütte
1311
Durhamer-Alm
1315
Auf der Wand
Rehbichl
934
992
1002
Rieder Kohlstatt
1478
Kirchwand
Elbachalm
Hammer
Krugalm
Riederalm
Spitzingalm
Gmais
Hagnberg
Rechtal
Spitzingscheibe
1270
Sacher
Riedler
Kloo
Deutsche Alpenstraße
Leiten
Riedler Berg
Dorfberg
Unter Dickelalm
Heißenbauer
Dorf
Wendelstein-Seilbahn
Osterhofener Berg
Ried
Wirtlalm
Postgasthof Rote Wand
Geitau
307
Wölfl
Noidach
Oberberg
Schäfer
Geitauer Berg
886
Klarermühl
Ambach
Gödenbaueralm (Unt. Heubergalm)
Niederhofen
Osterhofen
Lechner
Gsengalm
Klarer
Baumgarten
Mainwolf
Leitzach
Jäger
Mittlere-
Heubergalm
Heuberg
Alpbach
Obere-
Seeberg
Angelalm
Mieseben
Rührkübeleck
Krottenthaler Graben
Seeberg
Seebergkopf
1538
Steilenbach
Steilenberg
1503
Seebergalm
Hochmiesing
Dürrmiesing
1863
Klareralm
1883
Niederhofer Alm
Untersteilenalm
Schellenbergalm
Seewiesaualm
Wackbach
Roßtiefentalalm
Ruchenköpfe
Soinsee
1592
Gamswand
1385
1805
0
500 m
Sebaldstein
Ruchenkopfhütte
Soinalm
Kümpflscharte
Bergwachthütte
Soingraben
Soinhütte
Sillberg
01
02
03
04
05
06
07
49

Eis im Krottenthal bei Geitau

Vom Forsthaus auf dem gleichen Weg bis zum **Wegedreieck** 04 zurück, aber nun geradeaus weiter und dem Wegweiser nach Bayrischzell und Osterhofen über den Klarerhof folgen. Das Sträßchen schlängelt sich in sanften Kurven etwas abfallend gegen Nordosten durch den Wald dahin.
Im weiteren Verlauf lichtet sich der Wald und der Fahrweg führt am südöstlichen Rand einer Weidewiese weiter. Dabei hat man den scharf geschnittenen Wendelstein mit seinem Antennenmasten und den Gebäuden auf und unter dem Gipfel vor sich. Direkt vor dem **Klarerhof** 06 zweigt der Weg rechts ab und führt an einer alten Pestsäule vorbei. Anschließend kommt man nach einem kurzen Wiesenstück auf zwei Brücken über die Leitzach und zu den Häusern von Niederhofen, wo man die Bundesstraße 307 erreicht. Vorsichtig wird die Autostraße gequert, um auf der gegenüberliegenden Straßenseite dem Fuß- und Radweg nach rechts zur ersten linksseitigen Abzweigung, kurz vor Osterhofen zu folgen. Nun auf einem Anliegersträßchen schräg links hinauf, bis dieser – an allen Abzweigungen geradeaus – etwas nach links abdreht. Der sich verjüngende Fahrweg unterquert die Seilbahnkabel der Wendelstein-Seilbahn und stößt zur Bahnstrecke. Über die Schienenstränge und rechts der Bahnstrecke zum malerischen Dorf mit dem Namen **Dorf** 07.
Am Ortsrand, unmittelbar vor der schönen Marienkapelle rechts abzweigen, um dem Wegweiser nach **Geitau** und **Birkenstein** zu folgen. Bevor sich der Waldhang steil über den Dorfberg zur Spitzingscheibe aufschwingt, muss man links abbiegen, um anfangs in großem Abstand, dann unmittelbar neben der Oberland-Bahnstrecke nach Westen weiterzugehen. Unter dem Riedler Berg kommt man in der Nähe des Haltepunktes Geitau der Oberlandbahn wieder in einen Siedlungsbereich. Bei der ersten Abzweigung links halten, unter der Bahn durch, und wer umweltfreundlich mit der Eisenbahn angereist ist, hat auf der rechten Seite den **Ausgangspunkt** 01 wieder erreicht.
Ansonsten folgt man dem Fahrweg geradeaus gegen Südwesten zur B 307 hinaus, quert diese und geht nach Geitau hinein, wo man direkt zum Postgasthof Rote Wand stößt, wo es sich gut einkehren lässt.
Am großen Wirtshaus rechts vorbei, bis nach ein paar Hundert Metern der **Parkplatz** 02 wieder erreicht ist.

HUBERTUSHÜTTE UND BREITENSTEIN • 1622 m

Winterbergtour in Fischbachau

7 km 3:30 h 770 hm 770 hm 8

START | Fischbachau, Birkenstein (berühmte Wallfahrtskirche), 853 m
[GPS: Breite N 47.712077° Länge E 011.964050°]
CHARAKTER | Schneidige Winter-Bergtour mit schmalen und steilen Bergpfaden in Gipfelnähe, die lawinensichere Verhältnisse verlangen; entsprechendes Schuhwerk bzw. Schneeschuhe sind notwendig
EINKEHR | Oberwirt, Kesselalm und Hubertushütte

Der Breitenstein, ein völlig eigenständiger Nachbar des Wendelsteins, ist zu allen Jahreszeiten ein viel besuchter Gipfel. Eigentlich hat er gleich zwei Gipfel im Angebot, und auf beiden wird es kaum ruhig. Die große Beliebtheit liegt wohl an der umfassenden Gipfelrundschau, an der Einkehrmöglichkeit auf der Route und

An schönen Wintertagen ist die Hubertushütte gelegentlich geöffnet

natürlich an der Möglichkeit, die lange Straße unter der Kesselalm in einer schneidigen Abfahrt mit dem Schlitten hinunterzuflitzen.

▶ Vom großen **Wanderparkplatz** **01** am Ende der Autostraße in **Birkenstein** geht man am Oberwirt vorbei und auf dem markierten Wanderweg nach Norden hinauf. Er führt in geringer Steigung durch den Wald, wendet sich nach Osten und wird hinter dem Sattelbach deutlich steiler. Dann dreht er nach Norden ab, um kurz vor der **Kesselalm** **02** aus dem Wald herauszuführen. Bei der bewirtschafteten Alm geht es ein wenig nach rechts weiter und in einen weiten, freien Hang hinein. Der breite Weg endet im Sattel zwischen Schweinsberg und **Breitenstein** **03**.

Dort geht man auf der meist gespurten Strecke nach links weiter und über einen teilweise etwas

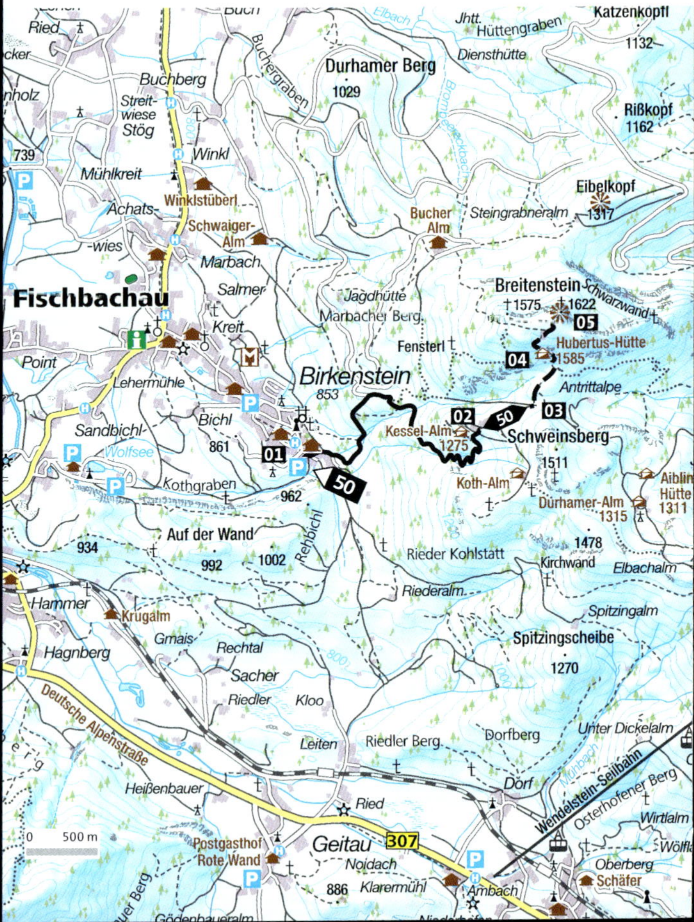

felsigen Bergpfad in einen weiteren Sattel hinein. Von ihm führt im lichten, felsigen Wald der Steig zur **Hubertushütte 04**. Dort kann man es gut sein lassen und die Tour beenden.
Wer keine Ruhe geben will, kann – sofern es die Schneelage zulässt – nach Norden noch einmal rund 100 Höhenmeter ansteigen und dem 1622 m hohen **Ostgipfel des Breitensteins 05** seine Aufwartung machen.
Der Übergang zum Westgipfel wird wegen eines schützenswerten Raufußhuhnbiotops nicht empfohlen. Außerdem sollte man auch auf dieser Winterbergtour den Skitourengehern, die hauptsächlich zum deutlich niedrigeren Westgipfel aufsteigen, nicht in die Quere kommen. Der Abstieg verläuft entlang der Aufstiegsroute.

Das winterliche Gipfelkreuz auf dem Breitenstein

Die Wallfahrtskirche Maria Himmelfahrt in Birkenstein

Im Jahr 1710 wurde die Wallfahrtskirche als Nachbildung des heiligen Hauses gebaut, in dem die Heilige Familie in Nazareth lebte. Als Baumeister dieser Loreto-Kirche wird Johann Mayr der Ältere von der Hausstatt genannt.
Ein Brand beschädigte die Kirche im Jahr 1735. Daraufhin erhielt sie um das Jahr 1760 ihre heutige prachtvolle Rokokoausstattung.
Aus der Pfarrkirche von Fischbachau stammt eine spätmittelalterliche Marienstatue, die seit 1673 als Gnadenbild verehrt wird. Sie stand zunächst in einer Holzkapelle und wurde 1710 in der heutigen Kirche untergebracht.
Benediktinermönche aus Scheyern bei Pfaffenhofen betreuten bis zur Säkularisation im Jahr 1803 die Wallfahrt. Das Kloster Scheyern hatte nämlich im Leitzachtal ausgedehnte Besitzungen und stellte sogar den Pfarrer von Fischbachau. Bei der Wallfahrtskirche lebte ein Klausner. Er versah den Mesnerdienst und unterrichtete die Kinder der Umgebung.
Der Münchener Hofwagenfabrikant Johann Georg Plankensperger stiftete im Jahr 1838 eine Wallfahrtspriesterstelle, die heute noch besteht.
Die Kapelle wird von den Armen Schulschwestern betreut, deren Kloster unmittelbar daneben steht.

Gipfelsturm auf dem Hirschberg

Eisstockschützen auf dem Deininger Weiher

Eislaufen und Eisstockschießen kann man auf allen natürlichen Seen und Weihern an den jeweiligen Routen, wenn die Eisschicht stabil genug ist. Stauseen eignen sich dazu grundsätzlich nicht, denn wegen des wechselnden Wasserstands können sich unter der Eisdecke gefährliche Hohlräume bilden.

In der Nähe vieler Wanderrouten gibt es bei ausreichender Schneehöhe gespurte und markierte Loipen. Besonders gepflegte Langlaufreviere finden sich u. a. im Graswangtal (Tour 10), am Barmsee (Tour 17) und am Kirchsee (Tour 35).

Die beschriebenen Winter-Bergtouren können natürlich auch mit Schneeschuhen oder Tourenski durchgeführt werden. Dafür eignen sich besonders der Schürfenkopf (Tour 39), der Hirschberg (Tour 41), der Schildenstein (Tour 42), die Rotwand (Tour 48) und der Breitenstein (Tour 50).

In der Nähe vieler Routen finden wir in der „Heimat des Barock und des Rokoko" malerische und zum Teil künstlerisch hochrangige Kir-

Gipfelpanorama vom Breitenstein zum Wendelstein

Pferdeschlitten im Graswangtal

Wallfahrtskirche St. Leonhard bei Dietramszell

chen, zum Beispiel die Klosterkirche von Andechs (Tour 4), die St.-Laurentius-Kirche in Pähl (Pläne von Joseph Schmutzer; Tour 7), die Klosterkirche Ettal (Tour 10), die Klosterkirche Schäftlarn (Tour 20), die Wallfahrtskirche Weihenlinden (Tour 29), die Klosterkirche Dietramszell (Tour 33) und die Klosterkirche Reutberg (Tour 35).

Gipfelschau von der Rotwand über das Rotwandhaus zum Hinteren Sonnwendjoch

Tourismus Oberbayern München e.V.
Balanstraße 57
D-81541 München
Tel. +49 89 63 89 58 79
www.oberbayern.de

Tölzer Land Tourismus
Prof.-Max-Lange-Platz 1
D-83646 Bad Tölz
Tel. +49 (0)8041/ 505-206
www.toelzer-land.de

Alpenregion Tegernsee Schliersee
Kommunalunternehmen
Hauptstraße 2, D-83684 Tegernsee
Tel. +49 8022 9273 890
www.tegernsee-schliersee.de

Tourismusverband Starnberger Fünf-Seen-Land
Hauptstraße 1
D-82319 Starnberg
Tel. +49 (0)8151 / 90 600
www.sta5.de

Tourismusverband Pfaffenwinkel
Bauerngasse 5
D-86956 Schongau
Tel. +49 (0)8861/2113200
www.pfaffen-winkel.de

Die Touren in der Nähe von München sind zum großen Teil mit der Münchener S-Bahn erreichbar. Darüber hinaus liegende Wanderungen können mit der Bayerischen Oberlandbahn (Zielpunkte sind Lenggries und Bayrischzell) erreicht werden. Und zu den meisten Ausgangspunkten gibt es, wenn sie nicht direkt an den Bahnanschlusstellen liegen, Busverbindungen. Detaillierte Informationen findet man an folgenden Stellen:

Deutsche Bahn Fahrplanauskunft
Tel. 0800 150 70 90
www.bahn.de

BOB Bayerische Oberlandbahn
Tel. +49 (0)8024/997171
www.bayerischeoberlandbahn.de

Regionalverkehr Oberbayern GmbH
Hirtenstraße 24
D-80335 München
Tel. +49 (0)89/551640
www.rvo-bus.de

Münchner Verkehrs- und Tarifverbund GmbH (MVV)
Thierschstraße 2
D-80538 München
Tel. +49 (0)89/210 33 – 0
www.mvv-muenchen.de

Bad Tölz

Winteridylle in Arzbach (Isarwinkel)

REGISTER

Nebelschwaden an der Mangfall

IMPRESSUM

© KOMPASS-Karten, A-6020 Innsbruck (21.01)
1. Auflage 2021 Verlagsnummer 575 ISBN 978-3-99044-963-9

Text und Fotos: Siegfried Garnweidner

Bildnachweis: Alle Bilder stammen vom Autor
Titelbild: Der Schliersee im Winter (Foto: © magann - stock.adobe.com)

Grafische Herstellung: Maria Strobl
Wanderkartenausschnitte: © KOMPASS-Karten GmbH
Kartengrundlage für Gebietsübersichtskarte S. 12-13, U4:
© MairDumont, D-73751 Ostfildern 4

Alle Angaben und Routenbeschreibungen wurden nach bestem Wissen gemäß unserer derzeitigen Informationslage gemacht. Die Wanderungen wurden sehr sorgfältig ausgewählt und beschrieben, Schwierigkeiten werden im Text kurz angegeben. Es können jedoch Änderungen an Wegen und im aktuellen Naturzustand eintreten. Wanderer und alle Kartenbenützer müssen darauf achten, dass aufgrund ständiger Veränderungen die Wegzustände bezüglich Begehbarkeit sich nicht mit den Angaben in der Karte decken müssen. Bei der großen Fülle des bearbeiteten Materials sind daher vereinzelte Fehler und Unstimmigkeiten nicht vermeidbar. Die Verwendung dieses Führers erfolgt ausschließlich auf eigenes Risiko und auf eigene Gefahr, somit eigenverantwortlich. Eine Haftung für etwaige Unfälle oder Schäden jeder Art wird daher nicht übernommen. Für Berichtigungen und Verbesserungsvorschläge ist die Redaktion stets dankbar. Korrekturhinweise bitte an folgende Anschrift:

KOMPASS-Karten GmbH
Karl-Kapferer-Straße 5, A-6020 Innsbruck
www.kompass.de/service/kontakt